Ensaios de Atuação

Coleção Debates
Dirigida por J. Guinsburg

Equipe de Realização – Edição de Texto: Jonathan Busato; Revisão: Iracema A. Oliveira; Produção: Ricardo W. Neves, Sergio Kon, Elen Durando e Luiz Henrique Soares.

Renato Ferracini
ENSAIOS DE ATUAÇÃO

CIP-Brasil. Catalogação-na-Fonte
Sindicato Nacional dos Editores de Livros, RJ

F419e

Ferracini, Renato, 1970-
Ensaios de atuação / Renato Ferracini. - São Paulo : Perspectiva : Fapesp, 2013.
(Debates ; 332)

Inclui bibliografia
ISBN 978-85-273-0974-5

1. Representação teatral. 2. Teatro – Técnica. I. Fundação de Amparo à Pesquisa do Estado de São Paulo. II. Título. III. Série.

13-1070.
CDD: 792.02
CDU: 792.02

19.02.13   21.02.13   042898

1ª edição

[PPD]

Direitos reservados à

EDITORA PERSPECTIVA LTDA

Av. Brigadeiro Luís Antônio,
3025 01401-000 São Paulo SP
Brasil Telefax: (11) 3885-8388
www.editoraperspectiva.com.br

2019

Para Bruna,
Inspiração que potencializa alegria – tanto a de
Spinoza como a de simples sorrisos!

Tudo o que é imaginado tem, existe, é...
Sabia?
Tudo que é imaginável existe, é e tem...

ESTAMIRA

AGRADECIMENTOS

Esse agradecimento não cita nomes, mas apenas coletividades, pois é difícil definir quantas pessoas contribuíram para este livro, e mais difícil ainda escrever uma lista imensa de nomes com o medo pairante de esquecer um deles. As ideias, conceitos, escritas e seus encadeamentos potentes – ou não – aparecem enredados em uma teia de relações. Desde aqueles geniais pensadores passados e presentes que li, passando pelas palestras e aulas inspiradoras que ouvi e pelos bate-papos entremeados com vinho ou cachaça em que tomei parte, até chegar aos pacientes secretários que escreveram o ofício ao órgão de fomento à pesquisa e à prestativa garçonete que trouxe a cerveja do *insight* que concatenou "todos os anteriores": eles, sem exceção, merecem igual e enorme agradecimento pela construção desta obra sem qualquer hierarquia de importância. São todos dobras deste livro. Dobras-sobre-dobras destes ensaios. Portanto agradeço e dobro-me:

À coletividade família

À coletividade Lume

À coletividade dos orientandos e orientandas de todos os níveis e ordens

À coletividade vinhos, cervejas, cachaças, seus acompanhantes, conversas e *insights*

À coletividade dos garçons e garçonetes (diretamente vinculada à coletividade anterior)

À coletividade de professores e pesquisadores com os quais tive a honra de dividir bancas, simpósios, congressos, encontros e mesas de discussão

À coletividade de artistas com os quais tive a honra de dividir festivais, cursos e *workshops*

À coletividade de artistas e fomentadores de cultura de Barão Geraldo

À coletividade Conexões

À coletividade Programa de Pós-Graduação em Artes da Cena – Unicamp

À coletividade daqueles que escreveram livros

À coletividade Fapesp

SUMÁRIO

Um Prefácio, Vários Ensaios, um Amigo –
Fernando Villar.. 15

Um Ator e as Veredas Filosóficas –
André Carreira.. 19

TPAC.. 23

LEÃO 27

MATERIALIDADE: FORÇAS INVISÍVEIS DA ATUAÇÃO......... 33

A POTÊNCIA DAS METÁFORAS DE TRABALHO 39

ATUAÇÃO COMO COMPOSIÇÃO DE AFETOS....................... 49

EXPERIMENTAR O TERRITÓRIO MICRO 75

AÇÃO FÍSICA: AFETO E ÉTICA.. 113

*O QUE SERIA DE NÓS SEM AS COISAS QUE NÃO EXISTEM
E FUGA!* 127

UMA AVENTURA ANALÍTICA 193

OXYRHYNCUS EVANGELIET 211

A CLASSE MORTA 219

QUE MORRAM OS ARTISTAS! 229

UMA VISÃO DE *O QUE SERIA DE NÓS…* 237

Bibliografia 249

UM PREFÁCIO, VÁRIOS ENSAIOS, UM AMIGO

Sobre ensaios e atuação, Renato Ferracini entende de ambos como poucos. *Ensaios de Atuação* é o quarto livro do ator, pesquisador e professor da pós-graduação da Unicamp e das oficinas do seu grupo Lume. A nova criação questiona dicotomizações defasadas em nossa contemporaneidade, desmoralizando binarismos que dizem muito aos computadores e poucos aos humanos – supostos opostos como arte/academia ou pesquisa/prática artística.

Renato põe esses polos para dialogar e fluir em infinitos constantes, tanto na prática de ator em diversos continentes quanto em suas aulas e oficinas, que começam a passar por diferentes continentes.

O buscador é incessante em sua necessidade interior de entender mais sua arte, seu ofício e sua escorregadia epistemologia, sem esquecer que nem sempre haverá um pote de ouro no final da busca, que será continuada por outros, sempre. Enquanto o derradeiro suspiro segue em distância

15

segura mas imprevisível, mais munição contra angústias epistemológicas e incertezas ontológicas são testadas.

Ensaios sobre ensaios sem medo do ensaio e erro. Um livro consciente das lacunas inevitavelmente deixadas na arte e também da potência implícita na vontade de dialogar, trocar, conhecer mais e intensificar pensamentos, conceitos e práticas.

O quarto livro tem os impulsos e a vontade de interlocução da primeira publicação, fruto de seu mestrado, *A Arte de Não Interpretar como Poesia Corpórea do Ator* (2001); as viagens densas do doutorado no segundo livro, *Café com Queijo, Corpos em Criação* (2006) e a presença marcante dos colegas do Lume no terceiro, *Corpos em Fuga, Corpos em Arte* (2006). Além das novas manhas adquiridas pelos autores e autoras em seus últimos anos de pesquisa e arte, *Ensaios de Atuação* acrescenta a produção elaborada com orientandas e orientandos.

Também com seus colegas do Lume e orientandos de pesquisa, Renato organizou o recente Simpósio Internacional Reflexões Cênicas Contemporâneas, na Unicamp, dentro da programação do Terra Lume 2012. Sua apresentação escrita sobre os palestrantes envolvidos poderia ser aqui reciclada para descrever Renato e os outros coautores dessa sua nova empreitada, que chega ao respeitável público neste livro. São artistas e pensadores que:

em um só grupo e em um só CORPO [...], discutem seu fazer criativo cotidiano em qualidades únicas de gotas de suor [...] [c]orpos 'suados' múltiplos que discutem o que é essa transpiração do corpo em atuação. Corpos esses atravessados por trabalhos, investigações, intuições e – por que não? – pela imensa curiosidade do saber cênico. E como bons antropófagos que somos: bom apetite a todos!!!![1]

Falar do amigo exigiria mais espaço, que por sua vez não evitaria a insatisfatção em descrever uma década de

1. Programa do simpósio Reflexões Cênicas Contemporâneas: O Corpo-em-Arte, 2012.

amizade e trabalho juntos, que este prefácio também celebra. Mas fica a impressão que Renato sempre fez parte da minha vida, só apareceu quando apareceu. E, sem ele, minha vida era menos.

Fernando Villar[2]

---

2. PHD em Teatro pela Universidade de Londres, é autor, diretor, encenador de teatro e professor do Departamento de Artes Cênicas da UNB.

UM ATOR E AS VEREDAS FILOSÓFICAS

Para quem conhece o trabalho de ator de Renato Ferracini, é impossível ler este livro sem ter na mente a imagem de sua personagem no espetáculo *Café Com Queijo*, do grupo Lume. Ali um engraçado habitante de uma cidade interiorana fala com uma voz aguda e um sorriso maroto. Na cena vemos alguém que está o tempo todo entre a ingenuidade e a ironia. Aqui, as palavras que vão oferecendo hipóteses sobre o ator, os ensaios que falam de ensaios, as ideias filosóficas que fundam possibilidades sobre o trabalho da atuação, ou da performatização, estão penetradas pelas imagens do autor no palco. Por isso, elas se fazem mais vivas e estimulantes. A cada ensaio lido podemos nos remeter ao ator e ao pedagogo cujas performances e oficinas têm influenciado uma grande quantidade de jovens atores.

Este livro é uma contribuição para atores, atrizes e todos aqueles interessados em refletir sobre a arte da atuação como performance transformadora. Toda a atenção do autor está posta em pensar como a arte de atuar é uma arte da construção de si mesmo e do estabelecimento de ambientes de compartilhamento. Tomando diferentes referências e percorrendo linhas centrais na tradição teatral, o livro abre espaço para reflexões que discutem o papel do ator como eixo do fenômeno do teatro, ou melhor, da arte da performatização. Há aqui uma explícita vontade de diálogo com artistas que estão questionando seu fazer criativo. No entanto, esta não é uma publicação técnica ou um manual de atuação, ainda que sua leitura possa contribuir com os processos de aprendizagem do ator, dado que seu conteúdo fala do ator em seus substratos mais internos.

Sabemos que os manuais de atuação têm pouco ou nada a oferecer aos atores, pois normas e procedimentos fixos não permitem a criação das condições fundamentais da arte de atuar. Ao contrário, um livro que produza incertezas talvez possa alimentar espíritos que, mais que respostas corretas para suas dúvidas, desejam acompanhamento para suas buscas. Esta é uma qualidade do livro: ele nos oferece um olhar intrigante sobre os materiais do ator, provocando-nos a refletir, tornando mais complexo nosso pensamento acerca do atuar.

A expressão que se destaca no livro é a "capacidade de ser afetado". Ferracini trata de explorar hipóteses de como o plano das sensações deve ser investigado pelos performers. Para isso somos convidados a pensar sobre conceitos como "microssensações", "micropercepções" e "microafetos", entre outros. Esses são os instrumentos que fundamentam a reflexão sobre representar, interpretar, para articular um pensamento que se apoia na noção de "atuação". Portanto, quando lemos o capítulo que dedica sua atenção à ação física, esse conceito não pode mais que ser vinculado à experiência do afeto e à prática de uma ética que funda o ator como sujeito agente tanto de sua condição de artista como de cidadão.

Mesmo quando o livro aborda o tema da técnica, esta é compreendida não como algo codificado *a priori*, mas como experiência dos limites. Consequentemente, o treinamento é considerado como o resultado de uma desconstrução de padrões e da intensificação do corpo. Isto é, uma reinvenção do ator como sujeito de sua performance, que seria ao mesmo tempo espetacular e pessoal. Para reafirmar essas ideias, Ferracini busca apoio tanto na sua experiência de ator como na troca com os atores pesquisadores, com os quais compartilha sua longa experiência no Lume, e com os pesquisadores que se reúnem ao seu lado nos diferentes projetos de investigação aos quais ele tem dedicado seu tempo.

Ao discutir questões teóricas, os materiais que compõem o livro nos levam a um passeio por um território filosófico que poucas vezes os estudos teatrais sugerem. Isso funciona como um estímulo para pensarmos o fazer teatral, desde uma perspectiva que vai muito além do exercício da fabricação de espetáculos, ou mesmo da arte de atuar como prática de autossatisfação profissional. A imagem de ator que emerge destas páginas é a de alguém que deve explorar permanentemente suas estruturas mais íntimas, como forma de dialogar com sua arte, de modo a fazer dessa prática um modo de estar com o outro.

Ensaios de Atuação é um desafio para atores. Sua referência deleuziana deverá provocar novas leituras, e certamente irá estimular seus leitores a discutir o lugar do ator, não apenas do ponto de vista técnico, mas filosófico.

Renato cita Deleuze e Guattari para dizer que um conceito não tem sentido se está isolado e não se vincula com um problema. Pois então, os conceitos propostos por este livro têm a virtude de estarem estreitamente relacionados com os problemas experimentados pelo autor/ator. Ator, docente e pesquisador, Ferracini produz o esforço teórico como um contraponto à necessidade de encontrar respostas – ainda que provisórias – para a infinidade de questões que cortam o fazer da atuação.

Seu ponto de vista compreende que nas práticas atoriais a metáfora é um elemento central para a produção de conceitos, e ao mesmo tempo percebe que a reflexão conceitual demanda a visita a zonas da metáfora. Isso pode ser relacionado com a experiência de Constantin Stanislávski quando foi inquirido pelo repressivo serviço de informações stalinista, a triste KGB, sobre o uso da expressão "energia" em suas aulas e escritos. Considerada uma expressão ofensiva subjetivista e contrária ao espírito do partido, a palavra "energia" deveria ser banida. O mestre russo, por meio de uma carta, afirmou que o termo "energia" era completamente objetivo para o ambiente teatral. A metáfora era conceito transformado por meio da práxis.

A apresentação do livro anuncia que se trata de uma produção gestada coletivamente, tanto no âmbito de um projeto de pesquisa acadêmica como no contexto de experimentações artísticas. Renato é um artista que trabalha ativamente na vida universitária do Brasil. Ele não é uma exceção, é um exemplo de um processo cada vez mais disseminado no contexto brasileiro, e cujas repercussões começamos a observar de forma mais clara nos últimos dez anos. Atualmente, o cruzamento entre o que se faz na cena teatral e o que se realiza nas salas das universidades tem representado uma renovação do nosso teatro. Assim, a formação de atores, que no Brasil está concentrada nos cursos universitários, rompe o isolamento que é uma doença característica das nossas universidades. O consórcio entre o terreno criativo e as pesquisas acadêmicas, saberes que por muito tempo estiveram separados, faz mais complexa nossa compreensão do teatro, e estimula uma produção de espetáculos. A descentralização da produção artística e intelectual é um efeito destacável desse fenômeno. A proximidade entre as universidades e o palco não só permitiu a ampliação da teoria sobre o teatro como também tem colaborado com a discussão e a renovação das linguagens cênicas.

André Carreira[1]

1. Professor do Departamento de Artes Cênicas no Programa de Pós-Graduação da Universidade do Estado de Santa Catarina – Udesc. Bolsista de Pós-doc do CNPq na New York University.

TPAC

Um livro parece ser antigo assim que se acaba de escrevê-lo. Um texto também, assim como qualquer artigo. A escrita parece mais que um processo: ela é um acontecimento que se encerra no último ponto final. E assim estamos prontos para outro acontecimento. Mas um acontecimento devém dele mesmo. Assim, a escrita é um "escrevendo", ou melhor, um pensamento que se repensa, se completa, se acopla ou desacopla. Ainda mais um pensamento com a arte do corpo, que é processual e potencial por ele mesmo. O conjunto de práticas pressiona o repensar e vice-versa num turbilhão de criação e recriação, ou, o que dá no mesmo, de um pensar ou repensar. Ora, se os conceitos estão abertos a atualizações; se a arte do corpo se repensa a cada micropercepção; se o conjunto de práticas se refaz a cada experiência, os textos que o acompanham – não na função de uma tradução intersemiótica, mas de uma criação de potência-conceito-arte – serão sempre revistos, revisitados, revisados, ampliados, recortados, ou ao menos deveriam sê-lo. É por isso que cada parágrafo escrito, cada livro terminado deixa rastros e lacunas e serem preenchidas e repensadas que – sempre – deixarão mais lacunas. A razão do repensar, refazer e verificar lacunas não tem como objetivo uma maior clareza conceitual ou estilística, mas a sempre potencialização de um pensamento com a prática – pensamento-prática ou prática-pensamento, que se compõe em gerúndio.

Meu primeiro livro[1] foi um grito adolescente, passional, pueril, calcado em doxas de pensamento que sempre foram extremamente potentes em seu território de experimentação. Meu segundo livro[2] foi já bem mais conceitual, mais maduro, mais potente na relação conceito-prática, porém mais carregado, duro, quase pedregoso. Meu terceiro[3] foi uma organização de pensamentos-atores do Lume em sua escrita livre. Este quarto é um entremeio dos três: menos pedregoso, mais passional, mais livre e experimental e que certamente criará mais entremeios nos entremeios. É também um livro de ensaios que nasceram de ensaios e de experiências de caminho. Partes de textos – às vezes pequenas, às vezes grandes – aqui contidos já foram publicados em várias revistas especializadas e anais de congresso. Porém, aqui, eles sofreram não somente alterações, mas principalmente substituições, ampliações, fissuras, coesões, fusões. Alguns de forma mais contundente, outros de forma mais amena. Há também muitos textos inéditos, alguns escritos de forma solitária e outros realizados em conjunto com outros atores do Lume, pesquisadores e orientandos de pós-graduação e de iniciação científica e também com o amigo, dramaturgo, ator e diretor Norberto Presta. Ensaios que apontam caminhos para experiências futuras. É um livro de equipe partilhado e gestado no vulcão de ações e experiências prático-teóricas que foi o

1. *A Arte de Não Interpretar Como Poesia Corpórea do Ator.*
2. *Café Com Queijo, Corpos em Criação.*
3. *Corpos em Fuga, Corpos em Arte.*

projeto Jovem Pesquisador "Aspectos Orgânicos na Dramaturgia de Ator", da Fapesp, coordenado por mim, que teve início no ano de 2005 e se encerrou em 2010. Esse projeto gerou duas experiências artísticas em seu processo: o espetáculo *O Que Seria de Nós Sem as Coisas Que Não Existem* e *Fuga!*, contemplados aqui com reflexões e ensaios livres na visão dos atores e do diretor Norberto Presta.

E – apesar de ser óbvio e claro, mas nunca é demais lembrar – estes ensaios não buscam verdades nem totalizações, mas sim pensamentos-criações baseados em uma prática específica, de um grupo e projeto também específicos. E, justamente por ser tão recortado, pode ser que seja um território de potência para alguns e de vácuo para outros. São pequenos ensaios com simples ideias e talvez algumas contribuições para a arte de atuar sem qualquer pretensão; são apenas um conjunto de pensamentos-ações jogados na correnteza crescente em potência desse fazer e pensar teatral brasileiro que vincula de forma tão especial teoria e prática/academia e criação. Mas já não seria uma *teoriaprática* numa *academiacriativa*? Mais ainda: um só TPAC...

LEÃO[1]

Luis Otávio Burnier, o fundador do Lume, sempre nos contava uma história. Em realidade era mais a história de uma percepção. Dizia-nos em manhãs de trabalho e reflexão – após muitos pingos de suor que lavavam a sala verde do Lume – que quando via seu mestre Etienne Decroux em trabalho parecia-lhe que ele havia desenvolvido seu léxico expressivo tão complexo e completo para domar um "leão interno". Tinha a impressão que Decroux utilizava sua tão geométrica e potente técnica como uma espécie de laço de corda ou chicote de domador para dominar essa força extraordinária que parecia "emanar" de Decroux e que Luís Otávio chamava – metaforicamente – de "leão". Muitas vezes ao acompanhar alunos de Decroux, dizia ele, percebia até mesmo uma maior precisão de movimentos no

---

1. Uma versão deste texto foi apresentada na III Jornada Latinoamericana de Estudos Teatrais realizada em Florianópolis no ano de 2010.

espaço, um maior domínio técnico-geométrico-corporal – afinal, Decroux já estava com uma idade avançada em comparação com o vigor de seus jovens alunos –, mas o "leão" não estava lá. Não sentia o "leão".

A pergunta que ele formulou a seguir dessa percepção fez nascer o Lume: seria possível trabalhar esse "leão" no atuador (ator, dançarino, performador) sem a necessidade de apreender uma técnica codificada formalizada no tempo-espaço *a priori*? Em outras palavras: seria possível trabalhar essa força (leão) desvinculada de uma pedagogia técnica estruturada como o Balé Clássico, o Kabuki, o Katakali, a Mímica Decroux (somente para citar algumas)? O Lume nasce para buscar experimentar essa questão – e sua existência, desde 1985 até hoje, continua ser a mesma busca de vivências práticas e teóricas a esse mesmo questionamento, hoje espraiado em várias linhas de pesquisa e investigação singulares e/ou coletivas.

Claro que o Lume não chegou (e acredito nunca chegará!) a respostas definitivas sobre essa questão, mas podemos apontar, mesmo que com extremo cuidado de não generalização, algumas consequências da investigação e pesquisa que se fazem claras hoje dentro do bojo específico e singular das pesquisas do Núcleo.

Iniciemos pelos planos de fundo que seriam os pilares de fundação de pesquisa:

Pilar um – Trabalhar esse "leão" desvinculado de uma pedagogia técnica codificada significa que o Lume busca trabalhar sobre uma força e não sobre um elemento atual e tecnificável. A definição de força em física clássica é aquilo que pode alterar o estado de um corpo qualquer ou de deformá-lo, e somente pode ser detectada pelo seu efeito na relação entre corpos. A força, por definição, é um elemento invisível e relacional e que afeta os corpos/elementos nessa relação. Podemos dizer, então, que o "leão" percebido por Burnier afetava-o. Esse "leão" possivelmente não simplesmente emanava de Decroux, mas fazia movimentar os corpos Burnier-Decroux em afetos potentes. É, portanto, uma força e não um elemento concreto, inteligível, visível, sintetizado pela consciência, mas um elemento afetivo, relacional, invisível que altera o estado dos corpos e somente é detectado por seu efeito neles.

Pilar dois – Sendo esse "leão" uma força invisível e relacional, ele não pode ser trabalhado de forma direta, objetiva, concreta e consciente, mas deve ser composto, gerado, criado nos meios, interstícios, poros, fissuras e buracos criados nos, com e por elementos concretos. A hipótese inicial que perdura até hoje nos trabalhos do Lume é a de que o corpo é esse elemento concreto. Não somente o corpo visto em seu aspecto físico, muscular, ósseo ou nervoso, mas principalmente o corpo visto como potencialização e intensificação dessa força virtual. O corpo passa então a ser uma espécie de âncora de experiências e composição de vivências práticas e como conjunto de práticas que intensifica essa força ao compor a invisibilidade (imanente a ele mesmo) com sua própria atualidade. O corpo singular visto como potência-outro-corpo intensificado nele mesmo.

Pilar três – O corpo somente pode se intensificar e se potencializar em experiências de limites. São nos agenciamentos práticos vivenciados nessas zonas liminares que as fissuras, poros, buracos de potência e intensidade podem ter sua gênese. Quando o corpo é levado a experiências de fronteira dele mesmo pode desmoronar padrões conhecidos, desterritorializar-se e, a partir desse território outro, reterritorializar-se de forma potente, gerando, então, não formas físicas mecânicas, mas formas de forças[2]. Em outras palavras: formalizações singulares de cada ator que engendram virtualidades e intensidades atualizadas em *continuum* no tempo-espaço cênico. Chamamos essas formas de força de *matrizes*. Poderiam ser chamadas também de ação física em sua mais potente complexidade.

Pilar quatro – Sendo forças relacionais, por definição essas matrizes (formas de força, ações físicas) somente

---

2. J. Gil, *Movimento Total.*

podem se compor com outras forças. As formas de força geram, portanto, zonas de jogo em que afetam e são afetadas mutuamente pelo entorno cênico, seja tempo, espaço, palco, outro ator, público e por ela mesma. Uma forma de força nunca é fixa, mas sempre recriada a cada instante em sua potência e sempre diferenciada em sua infinita zona de virtualidades. Portanto, mesmo que uma matriz tenha uma formalização codificada, atualizada de forma singular em sua virtualidade e intensidade, ela, literalmente, dança e se diferencia a cada instante. Essa diferenciação tem seu território em microações e microafetos que possibilitam a "circulação" corpórea das virtualidades e diferenças no desenho tempo-espacial da própria matriz, fazendo com que ela se recrie nessa zona virtual. O corpo-em-arte como potência de diferenciação infinita em sua zona de potência. E, como composição de forças, a matriz deve, então, deixar-se afetar de forma receptiva e atuar com esse afeto numa atualização-em-ação, mas não numa relação simples de causa-efeito afeto-ação, mas em uma complexa *receptivatividade*[3] corpórea sempre em seu limite.

Desses pilares podemos inferir intensificações:

Intensificação um – O ator não apreende uma técnica codificada *a priori*, mas deve se permitir um espaço-tempo para realizar experiências de limites para uma possível desestruturação de seus padrões e intensificação de seu corpo – podemos chamar isso de treinamento em sua forma mais ampliada – gerando formas de força (matrizes) que em seu conjunto e em recriação constante passam a ser sua técnica singular de atuação. No Lume essa técnica singularizada pode ser chamada de dança pessoal.

Intensificação dois – O foco de suas experiências deve estar voltado para as microssensações, microafetos. Sua potência deve estar localizada, territorializada em sua capacidade de ser afetado, ou seja, em sua capacidade de

---

3. Aglutinação de "receptividade" + "atividade". Seu derivado, *receptivativo*, sugere duas ações realizadas ao mesmo tempo, em "cocriação" dinâmica sem qualquer relação de causa e efeito entre os termos.

deixar-se afetar pelo espaço, tempo, outro. Gerar poros de entrada em seu corpo para que esses afetos sejam seu material de trabalho primeiro. O ator, portanto, não é um fazedor profissional de ações, pois esse não é seu objetivo primeiro (apreender técnicas codificadas), mas é um atleta afetivo[4]. Aquele atleta que se deixa afetar, que se territorializa em seu limite de sensação, recompondo-a. E então, age com essa recomposição da sensação, atua com e em formas de força, deixando-se afetar por elas mesmas. O ator é um profissional do afeto que engendra a ação e não um profissional da ação precisa e formalizada no tempo-espaço para gerar afeto no outro. O ator, como eterno improvisador na zona de virtualidades, se deixa afetar e assim afeta o outro. Um atleta afetivo da sensação. Um atleta de um território paradoxal *receptivativo*.

Intensificação três – Essa *receptivatividade* não é sintetizada pela consciência. Está em um pensamento do corpo, ou uma consciência do corpo que vive no limite consciência-inconsciência. Não será jamais possível sintetizar, inferir, deduzir, organizar, classificar nessa zona receptivativa. Ela é uma zona de fluxo constante, de abertura de fluxo e intensidades que está em um limite pré-consciente, mas completamente imanente ao corpo. Essa inconsciência que falamos aqui não é uma essência interna, nem mesmo uma supraconsciência ou uma transcendência cósmica, ou o inconsciente reprimido da psicanálise, mas é uma zona de produção[5] uma composição das intensificações da própria atualidade singular do corpo, de seu desterritório e reterritório outro. A consciência dá somente o ponto de entrada para essa zona outra (zona de turbulência); ela propõe o início da experiência e acompanha, atenta, o fluxo que se desenrola na intensidade e na potência recomposta do corpo. A consciência do atuante sintetiza a porta de entrada para a zona de virtualidades. Ela

---

4. A. Artaud, *O Teatro e Seu Duplo*.
5. G. Deleuze; F. Guattari, *O Anti-Édipo*.

"aprende" a abrir a porta e deixar o fluxo sair-entrar. Não é, também, uma zona de transe, mas de um fluxo liminar de uma consciência-inconsciente. Em últimas palavras: a consciência deve abrir as portas para experiências de uma consciência-inconsciente[6].

O estudo de cada um dos pilares, intensificações e seus atravessamentos híbridos geram pesquisas variadas e potentes, seja no território do como realizá-las (prática) ou na zona de criação de gotas de inteligibilidade teórica desses processos. Os textos a seguir devem ser lidos como atravessamentos (criativos!) desses pilares e intensificações.

---

6. J. Gil, op. cit.

MATERIALIDADE:
FORÇAS INVISÍVEIS DA ATUAÇÃO[1]

Partamos de um princípio presente no pensamento contemporâneo: a arte do atuador ou do agente das artes performativas – seja ator, dançarino ou performador – coloca-se na área de atuação (seja ela cena, instalação, inserção, acontecimento, evento) enquanto materialidade de seu corpo. A materialidade do corpo potencializa o terreno performativo e gera nessa ação possíveis linhas de fuga das relações de representação e de modelos pré-estabelecidos. Podemos verificar essas questões nos escritos potentes do corpo pós--dramático de Lehmman, na performatividade de Feral, no "teatro energético" de Lyotard. Em outras palavras: no pensamento contemporâneo a materialidade desse corpo--em-arte-performativa de certa forma implode, explode,

---

1. Uma versão deste texto foi apresentada no VI Congresso da Abrace em 2010.

intensifica, fissura. Ela – a materialidade do corpo – desterritorializa os modelos, os corpos dóceis[2], as doxas, as opiniões estabelecidas, as molaridades engessadas. A potência dessa materialidade não se reduz, portanto, a questões de personagem, linhas de tempo, dramaticidade, tradução emocional ou interpretativa. Atravessa a questão de uma realidade mental inteligível e também de narrativas, ilustrações e percepções organizadas. Materialidade: corpo em sua presentificação potente como intensificação poética a abrir fissuras nas forças estratificadas e gerar nessa ação fluxos libertos e abertos de força. Nesse movimento pode estabelecer campos ou platôs energéticos[3] ao potencializar relações em retroalimentação de um afetar e ser afetado. Esse território alimenta uma zona de turbulência extremamente dinâmica no espaço "entre" atuador e público no qual se intensificam os Figurais[4] e as Figuras[5]. Estes, em dinâmica, geram as vibrações (sensações) que afetam, atravessam e implodem os signos – significantes e significados – a serem "lidos" em um encadeamento lógico de figurações, modelos e/ou representações. A materialidade faz o signo flutuar, pairar sobre a sensação, tornando-o instável.

Convém, então, reforçar que "a sensação é vibração"[6]. O campo de forças em atravessamento – esse platô vibrátil (invisível) do corpo – é justo o campo das sensações que atravessa o plano das percepções – e, portanto, o plano de síntese de consciência delas. É nesse sentido que a "a obra de arte é um ser de sensação"[7] ou, o que dá no mesmo, um ser de vibração. O corpo-em-arte-performativa (em arte, em obra de arte) é, assim, um "corpo vibrátil"[8] que transborda, dilui, faz vacilar (em planos de força) o corpo perceptivo ou o corpo material em sua própria materialidade.

2. M. Foulcault, *Vigiar e Punir*.
3. J. Gil, *A Imagem-Nua e as Pequenas Percepções*.
4. J. Lyotard, *Discurso, Figura*.
5. G. Deleuze, *Lógica da Sensação*.
6. Ibidem, p. 51.
7. G. Deleuze; F. Guattari, *O Que É Filosofia*, p. 213.
8. S. Rolnik, *Uma Terapeuta Para Tempos Desprovidos de Poesia*.

Resta problematizar o que seja essa "materialidade" detentora da capacidade potente de fissura e reorganização dos sentidos e instauração de sensações outras e campos de vibração[9]. O primeiro equívoco seria tratar a materialidade do corpo somente como o material corporal fisiológico tecnificado em ação. Essa materialidade postulada não pode ser reduzida tão somente à sua camada de organização mecânica. A ordem fisiológica, obviamente, é uma camada, uma ordem de grandeza, um território de potência dessa materialidade do corpo em arte performativa, mas obviamente não pode se reduzir a ela. Materialidade não é o material e não se reduz ao objeto. Ao mesmo tempo, essa materialidade não pode estar somente vinculada a relações abstratas ou em afirmações verticais de subjetividades ou imposições de presença por parte do atuador. A materialidade do corpo também não se reduz, absolutamente, a uma suposta "materialização" de força física, adestramento técnico ou ainda em memória pessoal traduzida em "ação" ou em "emoções corporificadas". Materialidade também não é a objetividade do pensamento, ou ainda "o músculo do pensamento" ou mesmo o pensamento traduzido em ação. A materialidade postulada por esse pensamento contemporâneo, portanto, não se reduz nem ao objeto nem à tradução subjetiva, seja ela de qualquer ordem. Ela os atravessa, os intensifica e os desconstrói.

A materialidade potencialmente poética do corpo talvez tenha como premissa o seu atravessamento por forças e potências que não se reduzem nem a seu aspecto fisiológico-mecânico nem a seu aspecto abstrato subjetivo, com sua horda de significações, traduções, ilustrações, modelos e "euzinhos sobrepairantes"[10]. O corpo, portanto, é um subjétil (nem sujeito nem objeto, mas sujeito e objeto) atravessado por forças potentes e invisíveis, sejam elas de

9. Aqui me atenho apenas à materialidade do corpo como foco dessa reflexão e não da cena e seus elementos, apesar de cada um deles poder ser considerado um "corpo" específico.

10. "Esse fundo, essa unidade rítmica dos sentidos, só pode ser descoberta ultrapassando-se o organismo" (G. Deleuze, *Lógica da Sensação*, p. 51).

35

ordem molar (social, cultural, histórica, econômica), sejam elas de ordem física (o tempo enquanto força de memória, espaço enquanto força de volume ou o tecido espaço--tempo enquanto força de texturização que produz o peso, a fluidez, as dinâmicas). Também é atravessado por forças singulares/coletivas que detonam processos de subjetivação, ou, ainda, forças vitais que produzem vontades (não de "euzinhos", mas de potência – Nietzsche) e desejos (não de faltas, mas de produção – Deleuze). Forças vitais potencializadoras de linhas de fuga, reorganizações, desorganizações, desterritorializações, desautomatizações e revetorizações do mapa corpóreo. É nesse sentido que o corpo-sem-orgãos (CSO) – enquanto processo – atua e ao mesmo tempo deixa-se atuar justamente nessas forças positivas de desterritório e não na impossível desorganização fisiológica de órgãos molares. Chamar essas forças de campos ou platôs de energia que transbordam e/ou atravessam o corpo fisiológico e material pode fazer bastante sentido. O corpo, portanto, é um mapa, um campo de forças em atravessamento dinâmico.

As forças, por princípio, são relacionais. Assim, o mapa corpóreo de forças somente pode ser potencializado na relação com outro mapa corpóreo de forças. O corpo material – transbordado e atravessado por forças – somente se potencializa e se intensifica na relação com o outro, e por ser esse mapa de invisibilidades não pode mais ser definido por sua subjetividade individualizante, mas pelo grau de potência que ele produz enquanto mapa de forças em relação ao encontro com o outro ou o encontro com o redimensionamento de suas próprias forças. E o que é esse grau de potência? É um certo "poder de afetar e ser afetado". Segundo Deleuze e Guattari, "o afecto não é um sentimento pessoal, tampouco uma característica, ele é efetuação de uma potência de matilha, que subleva e faz vacilar o eu"[11]. Para Pelbart, "jamais sabemos de antemão qual

11. *Mil Platôs*, v. 4, p. 21.

é nossa potência, de que afetos somos capazes. É sempre uma questão de experimentação"[12]. Ou ainda:

> Não sabemos nada de um corpo enquanto não sabemos o que pode ele, isto é, quais são seus afetos, como eles podem ou não compor-se com outros afetos, com os afetos de um outro corpo, seja para destruí-lo ou para ser destruído por ele, seja para trocar com esse outro corpo ações e paixões, seja para compor com ele um corpo mais potente.[13]

É dessa forma que o corpo contemporâneo somente pode ser experimentado na potência de um encontro que produza diferenças: diferenças do/no encontro; diferenças no/do corpo enquanto reestruturação de seu mapa de forças. Atuar enquanto materialidade do corpo é mergulhar o próprio material corporal (enquanto ossos, nervos, músculos, mas também enquanto ritmo, dinâmica na textura tempo-espaço) nesse platô de invisibilidades, nesse fluxo "energético" e fazer potencializar aí fluxos de forças estancadas, ou mesmo fazer criar aí outros fluxos e novas linhas nas quais velhas forças possam encontrar canais de escoamento. Importante dizer que essas forças "escapam" na própria matéria mergulhada nesse plano. A invisibilidade (das forças) flui, navega e se materializa na macrovisibilidade (do corpo material). A materialidade do corpo-em-arte-performática faz vazar e concretiza forças no/do próprio corpo material na experiência do encontro. Materialidade enquanto explosão de potência e fluxo de forças no encontro e jamais somente como exposição material corporal na imposição de uma tradução subjetiva.

Estar em materialidade presente é estar em estado de criação – portanto em estado de geração de diferença (de si, do outro e da própria zona de turbulência gerada pela relação diferencial si-outro). E para manter-se nesse estado é necessária a contínua experimentação da "presentação" e da

---

12. *Elementos Para uma Cartografia da Grupalidade*, p. 33.
13. G. Deleuze; F. Guattari, *Mil Platôs*, v. 4, p. 43.

"escuta" desses campos de força em atravessamento. Um deixar-se afetar para a ação e não somente a realização mecânica da ação per si.

A criação é este impulso que responde à necessidade de inventar uma forma de expressão para aquilo que o corpo escuta da realidade enquanto campo de forças. Absorvida no corpo como sensações, tais forças acabam por pressioná-lo para que as incorpore e as exteriorize. As formas assim criadas [...] são *secreções* do corpo. Mais precisamente, elas são secreções de suas micropercepções. Elas interferem no entorno na medida em que fazem surgir possíveis até então insuspeitáveis. É nestas circunstâncias que tais formas se fazem "acontecimentos".[14]

É nesse ponto que podemos falar de uma materialidade que potencializa "formas de uma força" ou "formas invisíveis"[15]. Essas formas, longe de serem irreais, são as atualizações das forças em "secreções de corpo". O conjunto – em zona de turbulência instável – dessas "formas" em potência e em intensidade gera o que Gil chama de nuvem: "concreção movente e móvel, submetida a transformações imperceptíveis; assim como o sentido apreendido nos gestos do bailarino, a forma de nuvem é geralmente instável e efêmera"[16].

Aqui adentramos em um terreno fértil de pensamento. A experiência (estética) não como organização de percepções conscientes de uma obra ou um corpo-em-arte-performativa, mas como fluxo de micropercepções em nuvens efêmeras que são apreendidas pela sensação em afeto. A materialidade elogiada da contemporaneidade se territorializa na intensificação de seu próprio material e no deixar-se afetar pelos planos de vibração de sua diferença recriada para gerar experiências de fluxos de formas de força que essa mesma materialidade faz secretar.

14. S. Rolnik, op. cit., p. 1.
15. J. Gil, op. cit., p. 54.
16. Idem, *Movimento Total*, p. 99.

A POTÊNCIA DAS METÁFORAS DE TRABALHO[1]

Sabemos que cada atuador, cada procedimento de trabalho, cada grupo possui e compõe constantemente, seja em sala de experimentação, seja em sala de ensaio, seja em escritos como diários de campo o que podemos chamar de metáforas de trabalho. O conjunto delas compõe certa "língua" comum inteligível somente a esses mesmos artistas e/ou grupos.

Essas metáforas podem ser imagens, ideias, ações, comandos verbais, substantivos metafóricos que auxiliam o atuador em um trabalho prático específico ou a adentrar em algum estado específico. Algumas metáforas de trabalho são bastante comuns e muito utilizadas em sala de preparação ou de ensaios, como, por exemplo: deixar-se impregnar

---

1. Escrito com Erika Cunha. Uma versão resumida deste texto foi apresentada na V Reunião Científica da Abrace em 2009.

pelo corpo; deixar o corpo falar; ouvir o espaço; ampliar a percepção; ampliar a escuta; escutar e ouvir o outro; perceber o outro; perceber o tempo; sentir o ritmo; atingir o público por outro canal; procurar uma comunicação mais profunda; buscar uma vibração interna; buscar uma percepção não consciente e não racional com o público; não pensar ao executar um exercício ou um trabalho, entre muitas outras. Alguns substantivos metafóricos como Verde, Gueixa, Samurai (utilizados no Lume) constroem processos e fluxos de exercícios e trabalhos complexos e que não se reduzem – absolutamente – ao substantivo metafórico utilizado.

Podemos tomar como premissa básica que essas metáforas utilizadas em sala de trabalho são imagens que auxiliam o atuador a adentrar em uma Zona de Experimentação. Dessa forma, longe de serem consideradas possíveis ingenuidades conceituais utilizadas pelos artistas e/ou grupos, são quase ações-imagens-conceito que sugerem uma experiência prática de trabalho e de entrada em zonas de potências, em linhas de fuga das doxas[2] cotidianas. Metáforas de trabalho como possível recriação intersemiótica de um fluxo de processo corpóreo-artístico complexo. Também podem revelar, em suas análises práticas, questões conceituais, teóricas e éticas dos artistas e grupos. Sem contar que essas metáforas de trabalho nascem de uma memória do próprio processo de criação e trabalho prático. Dessa forma, o conjunto de metáforas de trabalho enquanto língua interna contém ou compõe a própria memória processual do artista ou grupo. Talvez, ao estudar essa memória processual no conjunto da língua-metáfora de artistas ou grupos, possamos adentrar no próprio universo de construção conceitual e dos fluxos de processos de criação complexos que eles utilizam. As metáforas de trabalho, como

---

2. Doxas seriam as opiniões já formadas, uma plataforma preconcebida de intenções e afetos de mundo. Pensemos que as doxas podem ser refeitas a todo tempo; as "opiniões" seriam destruídas e novas "opiniões" seriam reconstruídas, em uma reorganização constante delas mesmas.

"língua" de um processo específico, deveriam, portanto, ser consideradas como um discurso potente; tão potente como a língua conceitual ou matemática. É a língua metáfora-arte que produz conhecimento prático e mesmo teórico quando analisada com cuidado e acuidade. É nas metáforas de trabalho que o discurso do ator, do dançarino, do mestre de cavalo marinho adquire certo patamar de conhecimento merecido e complexo, porque gera ou discursa um fazer que não necessita de qualquer conceituação para sua completude, pois pensa por si; é potente em si. É *com* as metáforas de trabalho – e não *sobre* elas – que o pensamento conceitual, reflexivo e crítico deveria se assentar. Esse platô de conhecimento discursivo dos artistas se traduz nessa língua metafórica interna recriada. É com e pelas metáforas de trabalho que M. Serres grita:

> Ao lado da criança, convoquemos aqui os bailarinos e bailarinas, os atletas, os ginastas, os caçadores, os pescadores, os trabalhadores manuais de todas as profissões, os surdos e os mudos, os tímidos e os ignorantes, em resumo, a multidão de todos aqueles a quem a filosofia, depois de tomar a palavra, não permitiu mais que falassem. Essa primeira metamorfose transforma o corpo tanto quanto ele quer e pode: ele pode tantas coisas que o espírito se espanta com isso.[3]

Mas pensemos um pouco mais sobre essa questão. Encontramos em G. Lakoff e M. Johnson:

> A metáfora tem implicações que destacam e tornam coerentes certos aspectos de nossa experiência. Uma determinada metáfora pode ser a única forma de destacar e organizar coerentemente os aspectos de nossas vivências. *As metáforas podem criar realidades*, especialmente realidades sociais. Nesse caso, uma metáfora pode converter-se num guia para a ação futura. Essas ações fazem jus à metáfora. Isso reforça a capacidade de uma metáfora tornar a experiência coerente. Nesse sentido, as metáforas podem ser profecias do que se cumpre depois.[4]

3. *Variações Sobre o Corpo*, p. 53.
4. *Metáforas de la Vida Cotidiana*, p. 198 (grifo nosso).

As metáforas de trabalho podem gerar realidades em linha de fuga e talvez criem fissuras dentro de uma realidade engessada. Podem levar o corpo a experimentar novas possibilidades de ações, de vibrações, de criação artística. É uma ida às bordas, às vizinhanças, às linhas de potência liminar, às quais as definições inteligíveis e lógicas não alcançam mais.

O que se experimenta no trabalho prático do atuador não é somente a metáfora como figura de linguagem, mas principalmente como detonadora de ação. É com um conjunto de práticas composto e instigado pelas metáforas de trabalho que o corpo se alça para fora de seu sentido/comportamento de doxa cotidiana. Portanto, é perfeitamente possível um condutor de trabalho pedir que o bailarino "dance como uma rosa que desabrocha". E é justamente o ingresso dessa nova metáfora no conjunto de um sistema de práticas corpóreas cotidianas enrijecidas que pode conduzir nossas ações para um novo território e alterar as percepções, micropercepções e as ações a partir da imagem dada. Por isso cada grupo estabelece seu processo de trabalho a partir de metáforas muito particulares, que são detonadoras de desterritorializações e reterritorializações no conjunto de práticas daquele artista ou grupo específico. O Butô possui suas metáforas, assim como o Lume outras.

No *Dicionário Houaiss da Língua Portuguesa*, a palavra "metáfora" deriva do latim *metaphòra*, por sua vez trazido do grego *metaphorá* ("mudança, transposição"). O prefixo met(a)- tem sentido de "no meio de, entre; atrás, em seguida, depois". O sufixo -fora (em grego *phorá*) designa "ação de levar, de carregar à frente". Metáfora pode ser entendida, portanto, como o emprego da palavra fora do seu sentido normal.

E segundo C. Greiner:

O emocional-associativo e o sensório são explicados como diferentes possibilidades de relação do corpo com as informações que vêm de fora e são internalizadas, tratando do processamento das emoções como ignições de movimento e especificamente do tato (sensório) e das diversas funções da pele (de dentro e de fora), mostrando uma sintonia. Essa sintonia entre o dentro e o fora pode ser atingida a partir de metáforas.[5]

A metáfora de trabalho, portanto, pode proporcionar, a partir dela mesma, esse trânsito não dualista fora-dentro, e pode recompor, nesse encontro, o corpo em uma fronteira criativa. Como exemplo podemos verificar uma metáfora de trabalho usada durante um workshop com Mitsuru Sasaki[6], e que foi o primeiro contato com a dança Butô de Érika (coautora deste ensaio):

"Dance como se um peixinho minúsculo nadasse ágil em seu corpo." É claro que o peixe não existia, mas durante o trabalho eu traduzia a imagem, enquanto dançava, como pequenas ações/movimentos de articulações e músculos trabalhados separadamente: somente o quadril ou o dedo indicador da mão direita.

Como se pode perceber, a metáfora se afasta do raciocínio lógico-objetivo e pode lançar o corpo em um pensar-em-ação. A metáfora de trabalho estabelece uma nova lógica não intelectual: a lógica da prática corpórea; a lógica de uma potência de sensação-peixe-no-aquário. A aceitação e a resultante prática dessa metáfora provocou e resultou em ação.

Mais um exemplo de Érika do mesmo workshop:

Acostumada a códigos rígidos de dança, (inatingíveis para o meu corpo tão cheio de curvas), durante o aquecimento, a primeira imagem que nos foi colocada era de que cada articulação de nosso corpo possui inúmeros movimentos infinitos; diversos "oitos" dançam dentro do corpo de um homem. O infinito dentro de si mesmo. A segunda imagem era: Seu corpo é um aquário cheio de água, pesado, que não se move, rígido, cheio. Após algum tempo

5. *O Corpo*, p. 19.
6. O *workshop* aconteceu durante a Mostra Vestígios do Butô, de 2 a 12 de setembro de 2003 no Sesc Consolação e Teatro Sesc Anchieta em São Paulo. *Workshop* Vivência com Mitsuru Sasaki: A Experiência com a Obra *Le Sacre du Printemps*, no dia 3 de setembro.

parados, com tônus alto, ouvimos um novo comando de Mitsuru: "Enfim, 'joguem' em você um peixinho, pequeno, delicado, jovem, que livremente dança dentro de você e move seu corpo. Você não deseja mover-se, mas esse peixe surge e tira você do espaço". Nesse instante, era como se eu pudesse ouvir meus microimpulsos pulsando dentro de meu corpo. Primeiro muito pequeno, como uma força que me impulsionava para o movimento, vibrava dentro do meu ventre, como um exercício abdominal em movimento. Depois do centro do meu corpo, carregando a imagem de infinitos no corpo e desse "peixe-impulso", meu corpo livremente dançou pela primeira vez, uma dança nova que não tinha nome, mas que me guiava pelo espaço daquela sala de chão branco tão gelado. Meus pés aos poucos deixaram de sentir frio e eu como criança "brincava" com meu peixe curioso que ia até a margem da minha mão olhar o mundo de outro ângulo, às vezes ele nadava veloz até meu sacro pra depois retornar e contar aos meus ouvidos o que via atrás de mim. Durante essa dança, Mitsuru colocou a *Sagração da Primavera*[7] para dançarmos. O tempo se tornou relativo, pois não posso descrever exatamente quanto tempo durou esse momento. Após o trabalho, ele se aproximou de mim, tocou meu ombro. "Você está dançando."

Podemos pensar de forma rápida que o que ocorre nesse exemplo é uma possível "tradução" de um comando verbal para a ação física. Mas essa tradução não pode ser pensada, de forma alguma, como a representação de um signo verbal e imagético por um signo corpóreo. Isso seria reduzir a potência da metáfora de trabalho a questões meramente representativas. O corpo não simplesmente representa a metáfora de trabalho, mas essa gera uma potência de criação corpórea, de um pensamento-prática que pode lançar o corpo em um estado de liminaridade e experimentação. A metáfora de trabalho gera potência corpórea e não tradução representativa. Uma tradução somente poderia ser entendida aqui como criação ou recriação de territórios. São dois territórios (metáfora de trabalho e conjunto de práticas) que geram tensões

---

7. A *Sagração da Primavera*, de Igor Stravínski (1882-1971), talvez a obra mais importante desse compositor, que estreou em 28 de maio de 1913. Mitsuru Sasaki criou um espetáculo solo com essa obra e utilizou-a durante o *workshop*.

tectônicas enormes no seu encontro. E são justamente essas tensões que podem promover um corpo em experimentação em suas dobras-montanhas, resultantes das próprias tensões tectônicas. As metáforas de trabalho são potências imagéticas e linguísticas que podem produzir territórios de práticas na desterritorialização que promovem. A metáfora de trabalho leva essa relação arte-sala para uma atualização.

Mas, qual será então a diferença entre conceito e metáfora? Chamemos Deleuze em auxílio: "Um conceito está privado de sentido enquanto não concorda com outros conceitos, e não está associado a um problema que resolve ou contribui para resolver."[8]

Os conceitos associados ao "problema" da arte podem ser entendidos, portanto, como aqueles gerados ou importados para dentro de uma zona artística e que mantêm porosidades abertas a outros conceitos que os pressionam em recriação ou crítica constante. Os conceitos gerados ou importados (portanto, criados ou recriados) para esse território artístico buscam, em seu conjunto e porosidade constante, resolver questões abertas demais, amplas demais e indefinidas demais que a arte coloca ou propõe em seu fazer e seu conjunto de práticas.

Conceito em arte seria, portanto, um elemento de dupla-face: por um lado de delineação de um problema amplo, e ao mesmo tempo de potencialização discursiva desse mesmo problema delineado. O conceito, em sua porosidade, em seu caráter associativo e relacional, jamais busca uma verdade, uma totalização ou um universal. Ele tende a variabilidade: uma potência relacional e em fluxo de transformação. Todo conceito é complexo, pois corta, articula, sobrepõe. Potencializa e se recompõe em fluxo, tudo em espaço de Escher*, em correlação e cocriação constante. Ele pode ser ao mesmo tempo relativo (porque poroso) e

---

8. G. Deleuze; F. Guattari, *O Que É Filosofia*, p. 103.

* Maurits Cornelis Escher (1898-1972). Artista gráfico holandês conhecido por temas como sobreposição de vários espaços em uma mesma imagem, em dois ou três planos simultâneos. (N. da E.)

absoluto (porque delineia o problema). Porém é sempre processual. Em arte ele deveria estar sempre relacionado ao conjunto de práticas que é proposto – este também sempre em processo.

Dessa forma, tanto o conceito como as metáforas de trabalho estão vinculadas diretamente ao conjunto de práticas artísticas e práticas de vida. Mas entre o conceito e as metáforas de trabalho existem particularidades na relação dada com esse conjunto de práticas. O conceito em arte busca delinear um problema dado a ponto de seu discurso ser colocado em questão ou crítica. O conceito gera discussão, crítica, problematizações, debates, inflexões, reflexões. E nessas ações geradas se reconstrói, se recria em sua porosidade para gerar sempre mais debates, mais discussões, mais problematizações. O conceito gera um território de discurso possível; um território de debate problematizante possível que em sua dobra pode gerar conjuntos de práticas outras. Já a metáfora de trabalho nasce na prática de trabalho ou no processo de criação com o único intuito de gerar mais conjunto de práticas possíveis e mais ações físicas em linhas de fuga. O conceito tem a potência de gerar novos territórios de discurso a partir de um conjunto de práticas que em sua dobra gera (ou pode gerar) outros conjuntos de práticas reterritorializados pelo conceito; a metáfora de trabalho, por sua vez, gera novos territórios de prática a partir de um território imagético-metafórico sem a necessidade do discurso. O conceito é a ação discursiva em conceito para gerar nova-outra ação em linha de fuga. A metáfora de trabalho é ação imagética para gerar nova-outra ação em linha de fuga. Enfim, tanto o conceito como a metáfora de trabalho visam um conjunto de práticas – nem o conceito nem a metáfora de trabalho têm sentido se não atingirem isso –, mas a metáfora de trabalho é a língua do processo, da sala de ensaio, do pensamento e do conhecimento prático do processo de criação, do artista e/ou do grupo a que ele se refere. É língua para se buscar formas de força.

O que pode ser verificado como uma ampliação de potência aqui é que a metáfora de trabalho e o conjunto de práticas que ela gera compõem, em seu encontro e tensões territoriais, um sistema complexo de "material de arte" que pode ser problematizado e conceituado em seu bojo. É por essa questão que Lakoff e Johnson afirmam: "a metáfora é um veículo para a compreensão de um conceito, suas virtudes e suas bases experimentais"[9].

As metáforas de trabalho possuem um patamar de conhecimento potente e complexo no território artístico. É por isso que os discursos de metáforas de trabalho de um mestre de cavalo marinho, de um ator, de um dançarino, de um performador possuem a potência de discurso e reflexão conceitual em seu bojo. Ela não precisa, absolutamente, ser "traduzida" pelo conceito, mas o conceito pode problematizar *com* ela, *por meio* dela, *a partir* dela. É um veículo para a compreensão de um conceito. É assim que a filosofia – cuja atividade principal, segundo Deleuze e Guattari, é a criação de conceitos – cria uma linha de intersecção com a arte e principalmente a arte do corpo:

Se a filosofia é paradoxal por natureza, não é porque toma o partido das opiniões menos verossímeis, nem porque mantém as opiniões contraditórias, mas porque se serve das frases de uma língua standart para exprimir algo que não é da ordem da opinião, nem mesmo da proposição.[10]

A língua *standart*, no nosso caso, seriam as metáforas de trabalho.

9. Op. cit, p. 56.
10. G. Deleuze; F. Guattari, op. cit., p. 105.

ATUAÇÃO COMO COMPOSIÇÃO DE AFETOS[1]

*Curiosamente, a experiência estética
não corresponde a nenhum objeto
ou signo visível, e não visa um sentido.*

JOSÉ GIL[2]

Uma discussão antiga vem percorrendo os estudos teatrais, manifestando-se com intensidade maior nas últimas décadas: associar ou distinguir os sentidos de interpretação e representação. Afinal, como deve ser caracterizado o trabalho do ator? Ou melhor, o ator interpreta ou representa?

Essa discussão se iniciou, no Brasil, com o trabalho de Luis Otávio Burnier, um dos fundadores do Lume – Núcleo Interdisciplinar de Pesquisas Teatrais, criado junto

---

1. Uma versão deste texto foi publicada no livro *Para uma História Cultural do Teatro*, organizado por Edelcio Mostaço em 2010.
2. *Movimento Total*, p. 23.

à Universidade de Campinas – Unicamp em 1985, quando sentiu a necessidade de enfrentar esse problema de frente. Passados muitos anos, e em função dos amplos desdobramentos ocorridos no âmbito dos estudos teatrais, ela merece ser verificada e revisada no conjunto de implicações que possui.

A diferença entre interpretação e representação, dentro do contexto dos trabalhos e pesquisas do Lume, causa reflexões, hoje, no mínimo paradoxais. De um ponto de vista particular, ou seja, dentro de um contexto cunhado por Burnier, a *interpretação* do ator navegaria por uma suposta leitura, releitura e recriação de um texto literário ou dramático no qual o ator coloca-se ativa e intencionalmente no território desse mesmo texto literário ou dramático. O texto, nesse caso, seria o deflagrador dos processos criativos, gerando, a partir dele e com ele, os outros textos (corpóreos, vocais, cênicos, emocionais, psicológicos). Para Burnier, um ator que interpreta um texto dramático ou literário faz uma tradução de uma linguagem literária para a linguagem cênica. "Ele é um intermediário, alguém que está entre. No caso do teatro, ele está entre a personagem e o espectador, entre algo que é ficção, e alguém real e material"[3]. Para ele, "conceito de interpretação também evoca o da identificação psíquica do ator com a personagem"[4], além de, historicamente, estar intimamente ligado ao texto literário.

Nesse sentido, a interpretação a partir de um texto dramático ou literário coloca o ator como tradutor. Aí o texto literário ou dramático é tomado como centro, norteando a criação dos demais textos: o físico-vocal e o cênico "traduzindo" uma dada leitura efetivada pelo intérprete do texto literário ou dramático.

Um conceito diferenciador, todavia, foi estabelecido: o de *representação*:

3. L. Burnier, *A Arte de Ator*, p. 27.
4. L. Burnier, apud R. Ferracini, *A Arte de Não Interpretar Como Poesia Corpórea do Ator*, p. 17.

De maneira oposta, o ator que representa busca sua expressão por meio de suas ações físicas e vocais. Ele, o ator, não parte do texto literário, mas o esquece e busca o material para seu trabalho em sua própria pessoa e na dinamização de suas energias potenciais. Ele não se coloca entre o espectador e a personagem, mas deixa que este faça a própria interpretação de suas ações vivas. Poderíamos dizer que a "personagem", para o ator que representa, vem antes do texto, já que ele possui um vocabulário de ações físicas e vocais codificadas que poderá emprestar a ela a qualquer momento. Assim, quando esse ator vai montar o espetáculo, já tem todo o material físico e vocal que dará vida à peça.[5]

Ou ainda, a partir das palavras do próprio Burnier:

A noção de representação, no contexto específico do teatro, pode também ser entendida como reapresentar, ou seja, apresentar e reapresentar a cada noite, ou melhor ainda, apresentar duas vezes numa mesma vez (Barba), dilatando suas energias e suas ações, desenvolvendo um corpo dilatado (Decroux), criando ou induzindo o espectador a criar algo entre eles.[6]

Ele supunha que poderia existir, na representação, um deslocamento interpretativo e de tradução da cena do ator para o espectador. Como se ator, reapresentando duas vezes numa mesma vez, ou seja, dilatando suas potencialidades expressivas na ação física, pudesse fazer com que o espectador não somente interpretasse sentidos corpóreos dados, mas também criasse conjuntamente com ele, traduzindo suas sensações e percepções do espetáculo. Se na interpretação o vetor é constituído como uma seta do texto dramático em direção ao ator e dele para o espectador, na representação esse vetor se inverte: vamos da ação física previamente codificada em sala de ensaio/treino para o texto ou contexto ou ideia percebidos e daí para o espectador.

Pode-se dizer que a distinção entre interpretação e representação não é nova, absolutamente. A diferença é clara, principalmente quando nos referimos ao pressionamento

5. R. Ferracini, op. cit., p. 17.
6. L. Burnier, op. cit., p. 28.

conceitual que os dois termos receberam ao longo da história e suas respectivas configurações epistêmicas. Quando, porém, nos referimos à atuação dramática, eles circulam numa mesma significância.

No dicionário Aulete Digital podemos encontrar os significados para o verbo *interpretar*: 1. Dar sentido a; explicar (palavra, texto, lei etc.) – 2. Adivinhar ou especular a respeito de – 3. Representar como ator (papel, personagem etc.) – 4. Tocar ou cantar (peça musical). E para o substantivo *interpretação*: 1. Ação ou resultado de interpretar – 2. Cin., Teat., Tv. Atuação dramática – 3. Explicação do que há de ambíguo ou de obscuro num texto – 4. Mús. Execução musical – 5. Psic. Intervenção do psicanalista no sentido de apontar o conteúdo latente das palavras e condutas do paciente.

E para o verbo *representar*: 1. Ser imagem, imitação ou símbolo de – 2. Conceber ou imaginar, ou dar-se à imaginação – 3. Significar, expressar ou patentear – 4. Cin., Teat., Tv. Encenar ou interpretar – 5. Figurar, interpretar na vida real, apresentar (-se) de maneira falsa – 6. Ser procurador de, ou atuar em nome de – 7. Chefiar embaixada ou missão de – 8. Tornar patente – 9. Substituir (alguém) em determinada situação – 10. Ser o exemplo de; ser ilustrativo de – 11. Dirigir, endereçar uma representação ou queixa a – 12. Apresentar-se no desempenho de um papel – 13. Apresentar-se ao espírito, à imaginação – 14. Descrever, pintar. Para o substantivo *representação*[7] temos: 1. Ato ou efeito de representar(-se) – 2. Coisa que se representa – 3. Cópia mais ou menos aproximada do que se tem em mente ou do que se vê. – 4. Reprodução ou imitação por meio da pintura, escultura, desenho etc. – 5. Teat. Encenação, interpretação.

Podemos observar, portanto, que interpretação e representação – representar e interpretar – remetem-se um ao outro e circulam em uma mesma significância quando se referem à ação de atuar ou à atuação teatral.

---

7. Deixei de lado os significados fisiológicos e jurídicos do termo.

A questão problemática em introduzir uma diferença no território em que os termos se igualam – território da atuação do ator – é a de que, na busca da diferenciação, Burnier desloca o termo *interpretar* para uma dimensão conceitual-filosófica, ao afirmar que a ação de interpretar é a tradução de um texto dramático, colocando o ator num espaço entre ação e público, entre uma personagem ficcional e o público enquanto entidade real. Mas ele não faz o mesmo movimento com o termo representação e busca reconceituá-lo no próprio território da ação teatral. Porém, se também deslocarmos o termo representação para o território conceitual-filosófico teremos um problema, pois representar significa, também: estar no lugar de; ser ilustrativo; cópia aproximada; reprodução ou imitação; se nos detivermos apenas em alguns dos principais significados do citado dicionário. E representar, nesse sentido imitativo, ilustrativo, substitutivo, não era exatamente o que Burnier almejava conceituar como atuação. Mas, ao deslocar o termo interpretação para o território conceitual-filosófico ele abriu espaço, igualmente, para um deslocamento do termo representação para esse mesmo terreno, mesmo insistindo em seu texto, várias vezes, que tais conceitos não deveriam ser lidos em suas acepções filosóficas. Essa conjunção, muitas vezes, torna-se inevitável dada a grande pressão histórico-conceitual em torno dos dois termos, principalmente pela posição que a representação ocupa no território filosófico e artístico. E o próprio Burnier faz essa leitura no termo *interpretação*: ele o lê e o conceitua em seu sentido filosófico. O deslocamento do conceito de representação para esse mesmo território pode levar – e levou, muitas vezes! – a um entendimento do ator como um ilustrador ou um mímico de ações, numa acepção muito distinta daquela almejada por Burnier, que percebia o ator como o criador de um jogo, criador de uma poética através de suas ações físicas e vocais orgânicas dilatadas no espaço-tempo.

Longe de fazer um estudo aprofundado sobre as origens conceituais dos dois termos que aqui nos ocupam, mas somente para situar o leitor em seu território, julgamos necessário realizar alguns pequenos apontamentos sobre cada um.

Interpretação

Interpretar, na Grécia clássica, era a faculdade da alma ou do intelecto de inter-relacionar três territórios: a palavra ou signo linguístico, o pensamento e a coisa referida. A busca dessa relação – ou não relação – continua até hoje, porém os pressupostos mudaram. Para Aristóteles[8], passando pelo medievo, pela pré-escolástica e escolástica latina, e apesar do desenvolvimento da teoria dos signos nesses três últimos períodos, a *interpretação* era um evento que ocorria na "alma", ou seja, um acontecimento construído através da síntese mental. O processo interpretativo dava-se no território da alma e do intelecto. As palavras, escritas ou faladas, eram relacionadas ao conceito e à coisa de modo arbitrário, mas tanto a capacidade de afecção da alma na construção dos signos quanto as imagens das coisas em si – ou dos objetos concebidos – era igual para todos os homens. Isso fazia com que a relação entre a afecção da alma ou o conceito e o objeto fosse universal, apesar de as palavras escritas ou faladas serem diferentes, em diferentes línguas e culturas. A cultura podia ser diferente, mas a correlação conceito-coisa era universal[9], e o sistema de interpretação gerava verdades.

Numa abordagem contemporânea, mesmo sendo a interpretação concebida como um processo mental, há a introdução do comportamento (cultural, social, político, histórico, ideológico etc.) como um elemento forte de pressão no

8. O principal livro de Aristóteles que versa sobre a interpretação é o *Da Interpretação*, segundo livro do Organon.

9. "1º a interpretação é um evento que acontece 'na alma', um evento mental; 2º o signo verbal ou escrito é diferente da afeição da mente ou do conceito e se refere a este; 3º a relação entre signo verbal e conceito é arbitrária e convencional, ao passo que a relação entre o conceito e o objeto é universal e necessária" (N. Abbagnano, *Dicionário de Filosofia*, p. 579).

processo de interpretação. O fato de esse comportamento cultural e social influenciar o processo interpretativo ocasiona mudanças significativas no conceito de interpretação. A "introdução" desse elemento que relativiza a interpretação faz com que não mais se estabeleça uma relação universal e necessária entre a capacidade de afecção da mente e a coisa em si, ou seja, entre o conceito e o objeto. Tal relação passa a ser mediada pela cultura, pela sociedade e singularidade de cada "mente". A interpretação de um signo passa a ser não apenas uma ação mental, mas, igualmente, uma ação comportamental realizada em função de um estímulo dado pelo ambiente, sendo também determinada pelo uso comum e/ou por convenções. Em um contexto semiótico, Peirce assume isso em sua teoria e insere o *interpretante* nesse conjunto de interpretação dos signos, ampliando a relação signo-significado. A tríade proposta por Peirce gera territórios sígnicos outros a partir dos próprios signos. Em última instância, o interpretante, assim como o próprio signo, somente cria outros signos e nunca uma interpretação precisa, verdadeira ou exata, o que nessa concepção é impossível, justamente porque é relativa ao *interpretante*. Assim:

Um signo, ou *representâmen*, é aquilo que, sob certo aspecto ou modo, representa algo para alguém. Dirige-se a alguém, isto é, cria na mente dessa pessoa um signo equivalente ou talvez um signo mais desenvolvido. *Ao signo assim criado denomino interpretante* do primeiro signo [...] Ora, o Signo e a Explicação[10] em conjunto formam um outro Signo e, dado que a explicação será um outro Signo, ela provavelmente exigirá uma explicação adicional que, em conjunto com o já ampliado Signo, formará um Signo ainda mais amplo e procedendo da mesma forma chegaremos, ou deveríamos chegar a um Signo de si mesmo contendo sua própria explicação e as de todas as suas partes significantes.[11]

Pode-se dizer, ainda, que qualquer interpretação é calcada em dados *a priori*, ou seja, uma visão prévia, cultural,

---

10. Podemos aqui tomar "explicação" no sentido de interpretação.
11. C.S. Peirce, *Semiótica*, p. 46-47 (grifo meu).

social, singular pressionando qualquer leitura interpretativa, seja de um signo, seja de um texto literário, seja de um contexto dado ou mesmo de um texto cênico ou um texto de ações físicas.

A interpretação de algo funda-se, essencialmente, numa posição prévia, visão prévia e concepção prévia. A interpretação nunca é a apreensão de um dado preliminar, isenta de pressuposições [...] Em toda compreensão de mundo, a existência também está compreendida e vice-versa. Toda interpretação, ademais, se move na estrutura prévia já caracterizada.[12]

A interpretação de um signo não traduz uma "verdade", mas remete a outros signos que se reproduzem numa espiral infinita. Um signo sempre significa outro signo. E mais, esses "outros signos" são diferentes, já que possuem em sua cadeia de criação uma "posição prévia, visão prévia e concepção prévia", seja ela cultural, social, histórica, singular e coletiva de cada interpretante. A linguagem falada e escrita não descobre ou busca significados verdadeiros ou precisos, mas busca somente outros signos. Não buscamos verdades, mas a que território de significância aquele signo nos leva.

Os signos emitem signos uns para os outros. Não se trata ainda de saber o que tal signo significa, mas a que outros signos remete, que outros signos a ele se acrescentam, para formar uma rede sem começo nem fim que projeta sua sombra sobre um continuum amorfo atmosférico.[13]

Ao interpretar um texto, o ator realmente se coloca "entre" a personagem e o espectador, como afirmava Burnier, uma vez que ele traduz, interpretando os signos literários em signos corpóreos e vocais para a construção de seu papel. Isso não impede ou diminui, em absoluto, a capacidade de também o espectador realizar sua própria interpretação, já que, se um signo remete a outro, o espectador traduzirá tais

---

12. M. Heidegger, *Ser e Tempo – Parte I*, p. 207 e 209.
13. G. Deleuze; F. Guattari, *Mil Platôs*, v. 2, p. 62.

ações em outros signos imagéticos, sensoriais, emocionais. Ele sempre criará outros signos a partir de signos. O espectador é um criador diante do ator que interpreta, assim como o ator também é um criador quando cria, gera, interpreta signos a partir de um texto criado por outro. Sempre haverá interpretação, sempre haverá criação – somos todos interpretantes.

Representação

Representação significa etimologicamente a "imagem" ou "ideia" de um objeto de conhecimento, seja ele qual for. Nesse sentido, a representação pode ser entendida como "tornar presente ao espírito algo que já esteve presente aos nossos sentidos"[14]. O conhecimento é dado como semelhança, representação do objeto. Outra acepção pode ser tomada em Leibniz, quando ele afirma que as *mônadas*[15] são representantes do mundo, ou seja, contêm o mundo. Desse modo, representar pode ser entendido como correspondência ou semelhança de algo. Tomás de Aquino coloca claramente que "representar algo significa conter a semelhança da coisa"[16]. Em Platão o conhecimento é dado pela recognição ou lembrança de um "ideal". Para ele, representar é produzir a imitação do mundo ideal. Conhecemos porque imitamos, porque lembramos de um mundo ideal. Nosso mundo sensível é uma cópia, semelhança ou ainda uma representação desse mundo ideal. Platão enfatiza que o artista é um "imitador do autor de uma produção afastada três graus da natureza"[17], pois se o primeiro grau, o grau mais elevado, é o mundo das Ideias e a natureza sensível é uma cópia desse mundo das ideias – estando localizada

14. R. Schopke, *Por uma Filosofia da Diferença*, p. 38.
15. "As Mônadas não têm janelas por onde qualquer coisa possa entrar ou sair" (G. Leibniz, *Novos Ensaios Sobre o Entendimento Humano*, p. 63-73).
16. N. Abbagnano, op. cit., p. 853.
17. *A República*, p. 367.

em um segundo grau – a arte é uma cópia da natureza, ou seja, a cópia da cópia, estando três graus afastada do mundo das ideias. Nesse sentido, a arte e o artista ocupam o lugar mais baixo de uma suposta escala de valores entre o mundo das ideias e o mundo sensível.

Devemos, no entanto, atentar para uma relação não exata entre a imitação ou mimese e a representação. Nessa questão, Aristóteles parece se opor a Platão, quando afirma que a imitação é própria do homem e que a arte é a imitação de ações da natureza.

A epopeia, o poema de cunho trágico, o ditirambo e, na maior parte, a arte de quem toca a flauta e a cítara, todas vêm a ser, em geral, imitações[18].

Mas em que sentido a arte imita a natureza? Seria a arte uma simples tentativa de representação ou mesmo de cópia da natureza? Aristóteles nos diz: "A tragédia não é imitação de pessoas e sim de ações, da vida, da felicidade, da desventura."[19]

Ao afirmar que a tragédia – enquanto arte – imita as ações e a vida, Aristóteles parece afirmar que a arte não é a busca de uma simples cópia ou representação da natureza, mas a busca de sua recriação em outro plano, um plano inventivo. Se assim for, arte e natureza se imitam mutuamente, não em suas formas, mas em sua potência de criação. Talvez seja nesse sentido que "arte imite a natureza". A arte busca a mesma potência de *criação* que a natureza possui – e por que não dizer vice-versa? É assim que a mimese se coloca: não como uma cópia, reprodução ou mesmo representação do que foi observado, mas como uma busca de recriação que tem como ponto de partida uma reinvenção poética. É nesse contexto que Luís Costa Lima afirma: "A mimese, se ainda cabe insistir, não é imitação exatamente porque não se encerra com o que a alimenta."[20]

18. *Aristóteles*, p. 37.
19. Ibidem, p. 44.
20. *Mímesis e Modernidade*, p. 23.

Portanto, a representação pode até colocar-se como imagem semelhante que traduza o conhecimento, ou ainda como recognição, lembrança, mas não poderia se aproximar da mimese enquanto recriação poética da natureza. Representação não é imitação e, portanto, mimese não é, em absoluto, representação.

A crítica à representação conta, atualmente, com alguns importantes nomes, como Deleuze, Guattari, Foucault, entre outros. Para eles o conhecimento – ou o próprio ato de pensar – não pode ser realizado na representação, semelhança ou lembrança. "Confundir o pensamento com o puro ato de cognição é algo deplorável – que devemos à própria filosofia e a imagem ortodoxa do pensamento que ela erigiu."[21] O conhecimento e o pensamento – e mesmo a ação – realizados por representação necessitam, obrigatoriamente, de um centro de referência, do qual partem todas as lembranças, recognições, representações. Se representar é semelhança de algo, então esse algo tem que ser o centro de referência ou um modelo. Ora, o próprio senso comum, a doxa, costuma ser tomada como esse modelo ou centro de referência. Desse modo, ao *representar* esse conhecimento estamos repetindo o modelo da doxa por semelhança. Representar é falar o mesmo. E pior:

> O signo da recognição celebra esponsais monstruosos em que o pensamento "reencontra" o Estado, "reencontra" a Igreja, reencontra todos os valores do tempo que ela, sutilmente, fez com que passassem sob a forma pura de um eterno objeto qualquer eternamente abençoado.[22]

Nesse sentido, agir (como é o caso do trabalho do ator) por representação, representar algo, é justamente colocar-se a serviço e falar a língua do senso comum, da doxa, designar os centros de referência que apontam para o já estabelecido. Em termos filosóficos é justamente o oposto do que

21. R. Schopke, op. cit, p. 30.
22. G. Deleuze, *Lógica do Sentido*, p. 234-235.

Burnier almejava ao reconceituar o termo *representação* no território da cena.

Para o pensamento contemporâneo, principalmente daqueles filósofos citados, o ato de pensar não deveria estar vinculado a um centro de referência, não poderia "tagarelar" o mesmo ou o semelhante de certo modelo, ou seja, não deveria representar nada; ao contrário, o ato de pensar deveria ser uma ação de resistência, de fissura em relação ao modelo, gerando diferenças e não representações. Nesse sentido, a diferença não se opõe à igualdade, mas à representação[23]. Do mesmo modo, uma ação física poética não pode ser nem a representação de uma vida interior, tornando o corpo uma tradução por semelhança de um suposto interno, nem a representação do senso comum e da doxa, gerando o que chamamos de clichês. A ação física deve ser um fluxo de diferenciação singular e não uma representação de qualquer modelo dado[24].

Representar/Interpretar

Outro modo de pensar a diferença entre interpretação/representação, dentro do conceito de Burnier, é pensar ambos os termos como diferenças de gênese de processo e como centro norteador de criação. Para ele, na *interpretação* é o texto dramático que norteia e centraliza a criação, enquanto na *representação* são as ações dos atores que fazem esse papel. Isso ocasiona outro problema de fundo: apesar da aparente mudança de vetorização, uma questão ainda se coloca e insiste em permanecer: o centro de referência, ou logos[25] de referência – o que, em ambos os casos,

23. Voltaremos ao assunto mais adiante.
24. Essa questão de fluxo de diferenciação singular e diferença também será abordada mais adiante.
25. Logos é aqui entendido como princípio, verbo inicial, capacidade superior (no sentido cristão do termo) e também como a razão, como princípio inteligível fundador e superior.

60

abriga uma concepção apoiada num logocentrismo. Nesse caso temos, de um lado, um textocentrismo (que reclama para si – através do texto e do autor – a autoria da encenação), mas, igualmente, um teatro de representação que somente traduz o texto literário; ou ainda, como detentor de uma suposta verdade cênica, agindo através de uma operacionalização de criação que busca tão somente a ilustração do texto. Por outro lado, ao negar energicamente o textocentrismo, podemos cair na armadilha de um suposto "atorcentrismo", cujas ações físicas, por si mesmas e só por elas, realizam o acontecimento teatral. Do ponto de vista conceitual fica alterado o sentido vetorial da criação, mas fica mantido o mesmo centro emissor de sentido no qual estão enraizadas todas as demais criações. Enfim, fica mantido um centro hierárquico de rebatimento de significância supostamente superior aos demais – um mesmo logocentrismo – num ou noutro sentido de vetorização de criação, tanto no texto quanto na ação. Enfim, não se muda ou se questiona a existência desse centro, mas trava-se uma batalha sobre quem deveria estar lá. O conceito de "representação teatral", encontrado no dicionário de Pavis, atesta que existe a ideia – ainda – de um teatro representacional, de um teatro como representação de algo preexistente, quando criado a partir de um texto prévio:

> O francês insiste na ideia de uma representação de uma coisa que já existe, portanto (principalmente sobre a forma textual e como objeto dos ensaios), antes de se encarnar na cena [...] O teatro não representa algo preexistente, que teria existência autônoma (o texto) e que se apresentaria uma "segunda vez" nos palcos. É preciso se tomar a cena como acontecimento único.[26]

Ao tomarmos a cena como "acontecimento único", como coloca Pavis, podemos – e devemos – olhar para essa diferenciação cunhada por Burnier com uma vontade

26. P. Pavis, Representação Teatral, *Dicionário de Teatro*, p. 338.

de atualização conceitual, a ser repensada sob duas formas concomitantes:

1. Atacar quer o problema de fundo quer a própria centralização, o próprio logocentrismo;

2. Buscar fugir das "armadilhas" de pressionamento conceitual histórico, tanto as relativas à interpretação quanto à representação, resumidas acima.

Mas, antes disso, devemos entender que Luís Otávio Burnier, ao cunhar essa diferença conceitual, colocou-se na postura de guerreiro, cujo inimigo era o texto dramático em seu caráter logocêntrico. Existia então, naquela época não muito distante, uma guerra declarada contra o texto dramático cujas batalhas não eram, em absoluto, recentes. Nós do Lume tínhamos uma rede de influências poéticas de guerreiros da ação física contra o logos textocêntrico, sendo o maior tecedor dessa rede Etiènne Decroux, um dos mestres de Burnier. Acreditamos que a tentativa de Burnier em deslindar uma suposta diferença entre interpretação/representação não tinha apenas, como objetivo central, gerar uma diferença de base fundamental sobre esse par. Outro norte, talvez até mais potente, era o de afirmar um território de diferença em relação ao logos textocêntrico, e essa ação desvela uma postura ideológica de Burnier em relação ao próprio fazer teatral. Explicando melhor: Burnier, ao trabalhar essa suposta diferença, estipulava, no âmbito do Lume e no âmbito artístico e acadêmico brasileiro, principalmente da Unicamp, que existiam atores que trabalhavam a partir do texto e de uma clássica criação psicológica, ou seja, *interpretavam*, e que, como contraponto, existiam outros atores, a partir de outra formação ou rede de influências, que negavam o logos textocêntrico e buscavam a criação através de ações físicas singulares pesquisadas em sala de treinamento, ou seja, *representavam*, levando a que o público criasse com eles através de suas ações físicas. Essa postura, portanto, foi, antes de tudo, uma ação de criação de um território poético enquanto resistência a uma forma de criação dominante. Realizar essa diferença foi gerar um território de resistência, uma linha de fuga[27] e fissura numa guerra contra um suposto textocentrismo hegemônico que "molarizava"[28] e endurecia os processos de criação cênico-poéticos. Esse território criado alinhava-se, como já mencionado, a uma rede de guerreiros da ação física enquanto criação independente do texto dramático, cujos tecelões eram Stanislávski, Meierhold, passando certamente por Craig, Copeau, Decroux, Artaud, Grotowski, Barba e culminando, no âmbito específico do Lume, com Luis Otávio Burnier. Isso para citar outros territórios de resistência mais conhecidos.

Hoje, de certo modo, essa guerra arrefeceu. Não porque alguém a tenha vencido, pois acreditamos que qualquer batalha cujo objetivo seja verificar qual o território central mais eficaz de criação, ou o mais supostamente profundo, não possui qualquer sentido. Não existe mais guerra ou batalha simplesmente porque já não existem centros de rebatimento de diferença. Isso significa que não há, no teatro contemporâneo, um logocentrismo criativo poético teatral, seja ele qual for. Não faz mais sentido querer afirmar uma diferença em relação a um centro hegemônico de significância, ou seja, afirmar alguma espécie de logocentrismo. Em outras palavras: talvez não caiba mais, no teatro contemporâneo, a postulação de um centro hegemônico, cuja diferença poderia ser o texto de um autor – um textocentrismo; as ações físicas dos atores – um "atorcentrismo"; ou a criação do encenador, um "encenadorcentrismo" e assim por diante. Essa dança de centros, ou ainda a discussão, a reflexão sobre qual centro é o mais eficiente para a criação cênica ou seus processos decorrentes, é simplesmente ridícula. Acredito que tais questões passam por outros paradigmas

---

27. "Linha que não mais admite qualquer segmento e que é, antes, a explosão de duas séries segmentares. Ela atravessou o muro, saiu dos buracos negros, alcançou uma espécie de desterritorialização absoluta" (G. Deleuze; F. Guattari, *Mil Platôs*, v. 3, p. 69).

28. "Existe aí, como para cada um de nós, uma linha de segmentaridade dura em que tudo parece contável e previsto, o início e o fim de um segmento, a passagem de um segmento a outro [...] Eis uma primeira linha da vida, linha de segmentaridade dura ou molar" (ibidem, p. 67).

de discussão. Os estudos da performance, principalmente como conduzidos por Schechner (*Performance Studies*) – e nesses estudos, particularmente a *performance art* – e o conceito de pós-dramático cunhado por Lehmann, somente para citar dois territórios de discussão, pulverizaram completamente qualquer centro ou qualquer possibilidade unidisciplinar. Podemos ler em Lehmann:

> O conceito de teatro pós-dramático é, como se diz na matemática, um mínimo denominador comum entre uma série de formas dramáticas muito diferenciadas, mas que têm em comum uma única coisa, ter atrás de si uma história, que é o teatro dramático. [...] o teatro se constituiu a partir dessa série de elementos que são: pessoas, espaço e tempo [...] O que aconteceu com a modernidade foi que essa forma tradicional de teatro, ou todos esses elementos que estavam relacionados, explodiu.
>
> [...] o tempo sempre foi uma coisa importante para o teatro, mas, com essa autonomia dos elementos, virou uma categoria com existência própria e que pode ser dramatizada de forma própria e não dentro da unidade que ela costumava constituir no drama.[29]

E quanto aos estudos da performance:

> O que vem a ser chamado de performance art [...] é a apropriação de uma miríade de formas e o resultado de uma natureza interdisciplinar (pinturas, esculturas, dança, teatro, música, poesia, cinema e vídeo) com múltiplas influências, incluindo [...] os futuristas, dadaístas, construtivistas, surrealistas, arte abstrata, performances e artes tradicionais de povos nativos americanos ou culturas não europeias, feminismo, novas tecnologias de comunicação e expressões populares como o cabaret, music hall, vaudeville, circo, eventos esportivos, manipulação de bonecos, paradas e espectadores.[30]

O território da arte cênica, ou mais especificamente do teatro, abarcando a dança e a *performance art*, passam a ser, nas considerações contemporâneas, uma multiplicidade de

---

29. H. Lehmann, Teatro Pós-dramático e Teatro Político, em J. Guinsburg; S. Fernandes (orgs.), *O Pós-Dramático*, p. 233, 236.

30. Brentano, apud R. Schechner, *Performance Studies*, p. 137 (tradução minha).

procedimentos cujos processos de criação não são lineares, mas rizomáticos[31], pautados por uma completa independência dos elementos constitutivos da cena, cada qual com sua dramaturgia própria, e cujas influências e inspirações costumam ser completamente multidisciplinares. Isso significa que as camadas de significância, sentido e sensações de uma encenação são geradas – seja na ponta final espetacular, seja no processo de criação – em espaços "entre" de fluxo e vizinhança desses elementos cênicos independentes. Não existe mais *uma* dramaturgia (textual, corporal etc.) a ser seguida, mas o processo se dá por opções dramatúrgicas, ou seja, a poética cênica se constrói por camadas sobrepostas e em relação de retroalimentação e fluxo contínuo dos agenciamentos[32] dramatúrgicos singulares, sejam eles corpóreos, textuais, imagéticos, espaciais etc.

A criação ou seus processos não mais se conceituam ou se realizam a partir de um suposto centro de criação, mas agenciam periferias independentes, todas elas "diferenças", gerando um grande monumento cênico.

Para um melhor entendimento dessas noções temos que adentrar, a partir de agora, no território da "diferença". Afirmamos acima que a diferença não se contrapõe ao igual, mas à representação. Para o entendimento dessa afirmação, necessitamos compreender, primeiramente, a questão relativa ao objeto particular e ao objeto singular. Para G. Deleuze:

31. Sobre o rizoma: "Um rizoma pode ser rompido, quebrado em um lugar qualquer e também retomado segundo uma ou outra de suas linhas e segundo outras linhas [...] Um rizoma não pode ser justificado por nenhum modelo estrutural ou gerativo. Ele é estranho a qualquer ideia de eixo genético ou de estrutura profunda. [...] não é feito de unidades, mas de dimensões, ou antes, de direções movediças. Ele não tem começo nem fim, mas sempre um meio pelo qual ele cresce e transborda" (G. Deleuze; F. Guattari, *Mil Platôs*, v. 1, p. 15-32).

32. Sobre o agenciamento: "Sua territorialidade (inclusive conteúdo e expressão) é apenas o primeiro aspecto; outro diz respeito às linhas de desterritorialização que o atravessam e o arrastam. Assim como a territorialidade do agenciamento tinha origem numa certa descodificação dos meios, também se prolonga necessariamente nessas linhas de desterritorialização" (G. Deleuze; F. Guattari, *Mil Platôs*, v. 5, p. 218 e 219).

Um objeto singular é, estritamente falando, um objeto único e insubstituível. Nesse sentido todos os seres são singulares. Mas no que concerne às leis da natureza, todos os objetos participam de "leis menores" de organização (como as que regem os gêneros e as espécies). Nesse ponto cada ser é um objeto particular. O reino das generalidades é aquele que engloba os seres particulares [...].[33]

Uma folha de árvore, a chuva ou o pôr do sol são, em si, objetos particulares. Cada um deles é considerado *um* elemento, ou seja, "a chuva", "o pôr do sol" são objetos únicos. Essa particularização somente é possível se a relação e os processos internos diferenciais de cada objeto ou processo forem relacionados pela *semelhança que contêm*. Em outras palavras: a chuva – enquanto particularidade – ocorre na natureza muitas vezes, infinitas vezes, mas cada chuva não é igual à outra no nível da singularidade. A chuva *nunca* se repete. Somente podemos relacionar os processos de *cada chuva* pelas semelhanças nelas contidas, que vão constituir, assim, o elemento particular que chamamos "chuva". A passagem de acontecimentos singulares para uma particularização somente se dá, em última instância, através de uma generalização do objeto e/ou de seus processos singulares. Portanto, se o conhecimento – como pensamento e como ação – se territorializa nesse nível de particularidade, corremos o risco de pensar e agir sempre genericamente. Deveríamos pensar, agir e conhecer não de forma somente particular, mas principalmente de forma singular, pois cada chuva, cada pôr de sol, cada folha constituem diferenças em si no nível dessa singularidade. Cada pôr de sol é um acontecimento único e singular. Um objeto qualquer tem potência infinita em sua singularidade, em sua diferença. Mas o que isso quer dizer? Segundo Deleuze, a repetição somente se dá no nível da singularidade, ou seja, o que se repete não são as ordens das generalidades, como tendemos a pensar enquanto senso comum (o pôr do sol se repete todo dia), mas a repetição traz consigo

33. Apud R. Schopke, op. cit., p. 34.

a singularidade daquele acontecimento, no qual o que se repete são as diferenças. A repetição, nesse caso, pode ser vista como uma potência de possibilidades infinitas para cada diferença. A repetição do mesmo dá-se no nível da particularidade e da generalidade (talvez a macroscópica, atual). A repetição da diferença dá-se no nível da singularidade (talvez a microscópica, virtual).

Se a repetição existe ela exprime, ao mesmo tempo, uma singularidade contra o geral, uma universalidade contra o particular, um relevante contra o ordinário, uma instantaneidade contra a variação, uma eternidade contra a permanência. Sob todos os aspectos, a repetição é a transgressão.[34]

Ora, não possuindo um único centro de rebatimento para a criação que gere outros processos "diferentes", temos somente diferenças ou, em outras palavras, singularidades de potência infinita. A criação cênica, realizada a partir das ações dos atores, não é "diferente" porque temos um centro de rebatimento dominante: o texto dramático. Mas é uma "diferença" – singularidade – justamente porque se exclui a dominância, apagam-se os centros, retira-se o logocentrismo da criação cênica seja ele qual for. Incluímos nesse elemento – a ação física enquanto diferença – a potência de toda sua singularidade. E essas mesmas singularidades não são, por princípio, hierárquicas entre si. A criação cênica contemporânea passa a ser um caldo de diferenças cujos processos, possibilidades, intensidades e experimentações são infinitos. O conjunto em potência relacional dessas singularidades, ou ainda a repetição delas em diferenciação, gera o rizoma de possibilidades da criação cênica. Talvez seja essa percepção da singularidade dos elementos cênicos que leva os grupos teatrais e os atores, cada vez mais, a se embrenharem em processos colaborativos, pluriautorais, pois a ideia é, justamente, não criar mais a partir de um centro, mas através de agenciamentos de singularidades que

---

34. G. Deleuze, apud R. Schopke, op. cit., p. 35.

se relacionam em diagonal. Os papéis do texto, do espaço, do encenador, do ator, do figurino, da música, entre outros, são, todos, diferenças em multiplicidade de fundamental importância, potências não hierárquicas entre si e que até podem ou não existirem como elementos cênicos, dependendo das opções dramatúrgicas.

Por essa razão, uma discussão entre o par dicotômico interpretação/representação – texto ou ator – não possui, hoje, qualquer sentido prático ou reflexivo. Nem mesmo cabe a pergunta se foi um suposto erro conceitual ter cunhado essa diferença, já que ela traz, além do conceito, um sentido prático de territorialização de um fazer de construção cênica que a alicerçava na base. Ela teve fundamental importância na consolidação do Lume frente às instâncias universitárias e aos grupos e pensadores do teatro, pois gerou um espaço de resistência e uma fissura de pesquisa suportada em pesquisadores e resistências passadas. Gerou a possibilidade de outro fazer que culminou, hoje, em espetáculos como *Café Com Queijo, Shi-Zen, 7 Cuias* e *Kavka*, todos eles criados, certamente, a partir desse agenciamento de diferenças.

Ora, devemos sempre atentar para o local, o espaço, o tempo e o território nos quais os discursos conceituais se agenciam. Foucault nos grita isso por todos os lados em muitas de suas obras[35]. Criticar Stanislávski porque vinculou a criação artística ao subconsciente é, no mínimo, uma falta de entendimento do território e da importância dessa relação arte-de-ator/subconsciente naquela época específica. Então como devemos, hoje, ler a afirmação seguinte: "A função de nossa técnica é colocar nosso subconsciente em operação para criar a verdade artística"?[36]

Da mesma maneira que a diferença conceitual do par interpretação/representação teve uma importância prática de agenciamentos territoriais e de ações poéticas

35. Principalmente em *A Arqueologia do Saber* e *As Palavras e as Coisas.*
36. K. Stanislávski, *Manual do Ator,* p. 172.

extremamente válidas, também devemos verificar mais atentamente a relação proposta por Stanislávski entre o par arte-de-ator/subconsciência.

Sabemos que, no início do século XX, um dos conceitos mais radicais e liminares em circulação, que redimensionava e ressignificava os conceitos de homem, sujeito e consciência era, justamente, o de subconsciente, ou inconsciente, criado por Freud a partir da então nascente psicanálise. Assim, relacionar arte e subconsciência era forçar e pressionar um pensamento conceitual de criação do ator ao seu limite. Tomar o subconsciente para refletir sobre a arte de ator foi gritar aos sete ventos molares e duros do pensamento no início do século XX: a arte de ator, quando recriada conceitualmente, deve utilizar-se dos conceitos mais liminares e mais radicais, dada sua complexidade e sua multiplicidade. Stanislávski talvez soubesse ou intuísse isso, e daí sua genialidade, daí sua maestria. Ser fiel a Stanislávski, hoje, mais que defender essa relação arte-de-ator/subconsciente, é recriar essa arte nos agenciamentos conceituais mais liminares e talvez mais radicais de nossa época. Ser fiel ao grande mestre Stanislávski, como discípulos que todos somos, é a possibilidade de atualizar um pensamento da arte de ator que dialogue e gere fluxos de criação conceitual em nossa época, da nossa época, para nossa época.

Outra discussão abordada pela dupla arte-de-ator/subconsciente é a necessidade de uma transdisciplinaridade quanto às abordagens e agenciamentos conceituais sobre a arte de ator. Stanislávski buscou no então nascente conhecimento criativo – a psicanálise – a possibilidade de diálogo entre a reflexão e a arte de ator. O teatro pensa seu fazer e esse fazer, quando rebatido aos conceitos liminares e de fronteira nascentes de outras disciplinas (ou indisciplinas, e justamente por isso prefiro alcunhar disciplina como "agenciamentos conceituais de outros territórios"), pode gerar uma discussão, no mínimo, relevante. Acredito que assim podemos gerar ações de desterritorialização e reterritorialização de conceitos sobre a arte de ator, gerando-os como fluxos de uma reflexão que se recria e não como molaridades universais essenciais ou fixas. É por isso que a relação interpretação/representação cultivada no Lume teve seu papel histórico, gerando um território, mas como fluxo que foi deve ser reconfigurada, redimensionada e ressignificada.

Atuação

Dentro do exposto, como pensar a ação do ator cênico hoje? Ao invés de interpretação ou representação, enquanto território genético iniciando um processo num ou noutro elemento diferencial específico, seja o corpo, a voz, a encenação etc., pensemos na atuação enquanto processo em si – singularidade potente – cuja gênese pouco importa. Mais importante é a capacidade operacional da atuação de colocar em relação dinâmica os elementos diferenciais, sejam eles quais forem dentre as opções dramatúrgicas. Em outras palavras, na atuação não importa qual elemento inicia o trabalho, mas, sim, a operação de uma força capaz de criar uma máquina poética que se autogera como dinâmica relacional de seus elementos constituintes sejam eles quais forem. Portanto, a atuação se dá não através ou a partir de um centro de referência, mas pela força em aglutinar e movimentar esses elementos diferenciais em espiral, pois nunca toca o mesmo ponto em seu processo. Atuar é um processo de fluxo de repetição diferencial cuja diferença gera qualidades mais potentes. O atuador (ator, dançarino ou performer) atua justamente nos espaços "entre" elementos, fazendo-os se relacionar e gerar uma máquina poética que se faz e refaz num *continuum* fluxo espiralado. Mesmo considerando que o ator interprete ou represente, que o dançarino dance e que o performador performe, todos eles atuam no espaço-tempo entre elementos cênicos em busca de gerar um possível território poético. Atuam pela ação mesmo de atuar, de modificar, de possibilitar, de experimentar. O ator atua *com* sua interpretação ou representação, assim como o

70

dançarino atua *com* sua dança e o perfomador atua *com* sua performance. Portanto, fica claro aqui que *atuar* se distancia em muito de representar uma personagem ou utilizar-se de alguma técnica de atuação. O verbo atuar aqui funciona como um disparador de processos. *Atuar* = disparar processos de compartilhamento de sensações, utilizando-se da materialidade corpórea como meio.

Como vimos acima, os elementos da cena e do espetáculo são diferenças sem hierarquia, formando uma camada de possíveis agenciamentos dramatúrgicos espetaculares que, nesse contexto, podemos chamar de rizoma cênico. Se, e somente se, existir a opção dramatúrgica pela ação de atuadores presenciais que operacionalizam e instauram o jogo cênico, devemos atentar ao fato que esse atuador – enquanto corpo em arte, enquanto corpo-subjétil[37], um elemento desse rizoma cênico – também detém elementos que são diferenças em si e que constituem, em seu conjunto, uma possível segunda camada de significância, sentido e sensação. Como exemplo de tais elementos corpóreo-vocais podemos citar os princípios da antropologia teatral, quer para o corpo, quer para a voz, a relação corpórea-vocal espacial, a relação corpórea-vocal temporal, a relação de jogo entre-intra atores etc.; e para cada um desses elementos também sua operacionalização enquanto macro e micro-manifestações. Ao conjunto relacional desses elementos não

---

37. Corpo-em-arte, corpo integrado e vetorial em relação ao corpo em seu comportamento cotidiano. Sugiro chamar esse corpo integrado expandido como corpo-em-arte, esse corpo inserido no Estado Cênico como corpo-subjétil. Explico: ao ler uma obra de Derrida chamada *Enlouquecer o Subjétil*, essa imagem de "corpo-subjétil" me surgiu de uma maneira extremamente natural. Subjétil é, como pondera Derrida, retomando uma palavra inventada por Artaud, aquilo que está no espaço entre o sujeito, o subjetivo e o objeto, o objetivo. Não um ou outro, mas o "entre". Outro dado: a palavra subjétil pode, por semelhança, ressoar a palavra projétil, o que nos leva à imagem de projeção, para fora, um projétil que atinge o outro e também se autoatinge. Tal aproximação pode ser realizada, já que "subjétil" é uma palavra intraduzível, inventada por Artaud, não encontrando correspondente possível em outras línguas. Para maiores detalhes, ver *Café Com Queijo: Corpos em Criação*, de minha autoria.

71

hierárquicos como diferença podemos dar o nome de técnica, ou seja, uma técnica de segunda camada que opera naquilo que chamamos de rizoma corpóreo de possibilidades, ou simplesmente rizoma corpóreo. Além disso, temos também uma técnica de primeira camada que pode ser definida como a capacidade do atuador em operar e relacionar sua técnica corpórea ao conjunto relacional do rizoma cênico. Existe ainda uma terceira camada, que busca relacionar tais rizomas cênico-corpóreos com aquilo que podemos chamar de rizomas de recepção, um território no qual não adentraremos aqui. É importante estabelecer essa diferenciação para se entender que o que costuma ser chamado de *técnica* contém uma multiplicidade de camadas operativas que exigem, cada vez mais, uma sólida preparação do ator. Necessário também dizer que o recorte sobre esse rizoma corpóreo é objeto de pesquisa e reflexões de recentes agenciamentos territoriais, como a dramaturgia do corpo, a dramaturgia de ator, a dramaturgia da dança. Todos esses territórios buscam refletir, com pequenas nuanças diferenciais, como se processa e se opera uma possível coerência de sentido-sensações no fluxo de ações físico-vocais desse corpo-em-arte ou corpo-subjétil.

Mas se existem esses elementos que podem ser preparados e trabalhados no rizoma corpóreo, deve existir uma força que opere no sentido de colocá-los em fluxo e em recriação contínua. A atuação age justamente nessa força, a que podemos dar o nome de organicidade. Ela é gerada não no próprio conjunto de elementos, mas na relação estabelecida entre eles, justamente no espaço "entre". A complexidade em se entender a organicidade enquanto força reside no fato de que ela não pré-existe. Se os elementos corpóreo-vocais não se apresentam, a organicidade não se configura. Porém, a simples existência dos elementos não garante a emergência da força orgânica. O atuador atua (a repetição de termos é proposital) na relação entre os elementos para gerar essa força que, ao mesmo tempo, recria a relação dos elementos. Ele se lança no espaço – de forma ativa – entre os elementos para gerar, a partir deles, a organicidade, e permite – de forma receptiva –, ao mesmo tempo, a essa organicidade agir sobre todo o processo (inclusive quanto ao espectador), e, por conseguinte, sobre ela mesma, auto-criando-se em fluxo dinâmico. A atuação, nesse sentido, é sempre instável, sendo gerada por aquilo que gera, deixando-se afetar por aquilo que afeta ou, ainda, recriar-se por meio daquilo que cria. Na organicidade não existe relação de causa e efeito, uma vez que o efeito atua sobre a própria causa e vice-versa. A organicidade, enquanto força, é ativa e receptiva ao mesmo tempo e, por tratar-se de um paradoxo, é de quase impossível compreensão inteligível, sendo tangenciada através da percepção. E é justamente nesse paradoxo que a atuação age. Toda atuação é paradoxal.

Atuar na organicidade, ou nas forças. Isso é o que o ator, o dançarino ou o performador fazem. Não mais interpreta, nem representa, ou ainda interpreta e representa, mas ao largo dessas relações atua, age para criar afetos em um espaço-tempo constantemente reelaborado. Isso talvez possa gerar – além de percepções macroscópicas musculares e de movimento – sensações ou afetos microscópicos. E é justamente nesse espaço entre a percepção macroscópica e a sensação/afeto microscópico que a atuação se territorializa. A atuação ativa e faz dobrar, desdobrar e redobrar o espaço-tempo macroscópico, gerando um universo infinito de pequenas percepções[38] ou, ainda, de micropercepções[39] carregadas de sensações que reafetam o próprio espaço-tempo recriado. A atuação opera nesse processo jorrando micropercepções, microafetações, sensações virtuais com, entre e sobre as macropercepções e macroafetações atuais e perceptivas do corpo e da cena. Essas mesmas micropercepções reinventam as macropercepções em um espaço de Escher – espaço no qual as mãos se desenham

---

38. G. Leibniz, *Novos Ensaios Sobre o Entendimento Humano.*
39. J. Gil, *A Imagem-Nua e as Pequenas Percepções.*

numa retrocriação e não sabemos qual mão desenha qual, diluindo, dessa forma, qualquer origem processual ou *télos* intencional. Macropercepções atuais e micropercepções virtuais se criam e se recriam uma a outra numa espiral contínua de diferenciação. Em outras palavras: a atuação cria esse processo e ao mesmo tempo o reinventa constantemente. Fluxo. Sempre fluxo. A atuação inventa ou deve inventar esse território microperceptivo e sensorial (que afeta) e não somente articular uma lógica de sentido macroscópico (que entende). Tal processo gera duas lógicas no mesmo espaço de Escher: a da sensação e a do sentido. A atuação é, ao mesmo tempo, um fluxo coerente de sentido macroscópico vinculado estreitamente a um fluxo coerente (ou não) microperceptivo que territorializa as sensações. Enfim, atuar é um fluxo de sentidos-sensações contínuas e dinâmicas que criam dramaturgias corpóreas orgânicas. A atuação não interpreta nada, não representa nada, simplesmente é um disparador de afetos sem origem, *télos* ou intenção. Atuar é disparar um fluxo de forças de criação e recriação, enfim, atuar como composição.

EXPERIMENTAR O TERRITÓRIO MICRO[1]

> *Tudo aquilo que vou dizer parecerá um*
> *paradoxo. Mas não é questão de paradoxos*
> *estilísticos; é, na verdade, tudo assim. Aqui,*
> *nada acontece no plano lógico formal.*
>
> GROTOWSKI[2]

Pensemos no ato de pintar:

É um erro acreditar que o pintor esteja diante de uma superfície em branco [...] O pintor tem várias coisas na cabeça, ao seu redor, no ateliê. Ora, tudo o que ele tem na cabeça ou a seu redor já está

1. Uma parte e versão reduzida deste texto foi publicada no livro *Ensaios em Cena*, da Abrace, em 2010, livro organizado por Cássia Navas, Silvia Fernandes e Marta Isaacsson. Outra parte e versão sob o nome de "Atuações, Fronteiras e Micropercepções" foi publicada na revista *Sala Preta*, da USP, no ano de 2011. Aqui esses textos foram fundidos, revisados e ampliados.

2. L. Flaszen; C. Pollastrelli (orgs.), *O Teatro Laboratório de Jerzy Grotowski 1959-1969*, p. 175.

na tela, mais ou menos virtualmente, mais ou menos atualmente, antes que ele comece o trabalho. Tudo isso está presente na tela, sob a forma de imagens atuais ou virtuais. De tal forma que o pintor não tem que preencher uma superfície em branco, mas sim esvaziá-la, desobstruí-la, limpá-la. Portanto, ele não pinta para reproduzir na tela um objeto que funciona como modelo; ele pinta sobre imagens que já estão lá, para produzir uma tela cujo funcionamento subverta as relações do modelo com a cópia.[3]

Ora, assim como o pintor, o ator também não entra em sala de trabalho com um suposto "corpo vazio". O aprendiz de ator também não o faz. Esse, se ainda não tem os "vícios profissionais", está cheio dos vícios do que podemos chamar de "imagem atorais" (provenientes de clichês de cinema, televisão, espetáculos, figuras, quadrinhos, modelos modernos de representação tão massificados em nossas mídias – e isso para designar apenas uma fonte!). Podemos chamar esse quadro-corpo pré-preenchido de *doxas corpóreas* – doxa utilizada aqui em seu sentido grego de opiniões comuns, opiniões gerais ou totalizantes. Ou, no caso mais específico corpóreo, os comportamentos e clichês expressivos preenchidos citados acima. Afora isso, o corpo é acometido por comportamentos sociais, históricos, culturais que além de o inserirem em um código cotidiano de relações, o "docilizam" em sua potência de força. Segundo M. Foucault:

O momento histórico das disciplinas é o momento em que nasce uma arte do corpo humano que visa não unicamente o aumento de suas habilidades, nem tampouco aprofundar sua sujeição, mas a formação de uma relação que no mesmo mecanismo o torna mais obediente quanto mais é útil, e inversamente. Forma-se, então, uma política das coerções que são um trabalho sobre o corpo, uma manipulação calculada de seus elementos, de seus gestos, de seus comportamentos. O corpo humano entra numa maquinaria de poder que o esquadrinha, o desarticula e o recompõe [...] A disciplina fabrica assim corpos submissos e exercitados, corpos "dóceis". A disciplina aumenta as forças do corpo (em termos econômicos de utilidade) e diminui essas mesmas forças (em termos políticos de obediência).

3. G. Deleuze, *Lógica da Sensação*, p. 91.

Em uma palavra: ela dissocia o poder do corpo; faz dele por um lado uma "aptidão", uma "capacidade" que ela procura aumentar; e inverte, por outro lado, a energia, a potência que poderia resultar disso.[4]

Não é nova, principalmente para os grandes do teatro do século XX, a luta contra essas doxas corpóreas e esses corpos dóceis. Talvez o grande guerreiro dessa batalha tenha sido Grotowski, sem desmerecer jamais outras linhas de frente: Brecht, Meierhold, Artaud, Copeau, Craig, Decroux, cada qual com suas armas e estratégias. Sabemos da via negativa de Grotowski e de sua pergunta e práxis: "Que resistências existem? Como podem ser eliminadas? Eu quero eliminar, tirar do ator tudo que seja fonte de distúrbio. Que só permaneça dentro dele o que for criativo. Trata-se de uma libertação. Se nada permanecer é que ele não era um ser criativo"[5].

Aqui podemos incorrer em algumas leituras rápidas e demasiadamente concretas ou lógicas demais das citações acima. Se o ator já não está vazio, mas lotado de doxas corpóreas; se entra na sala de treino, de ensaio ou de apresentação com essas doxas que "docilizam" seu corpo e diminuem sua potência enquanto força de ação ou de afeto. Se ele necessita eliminar essas fontes de distúrbio e resistências, então uma pedagogia do ator deveria estar embasada na eliminação e negação dessas doxas para que possa ampliar sua potência de ação.

Nada a contradizer no momento.

Mas algumas perguntas inquietantes permanecem: o que é essa "força criativa" que deve permanecer no ator quando a suposta "eliminação" das doxas corpóreas forem realizadas? O que resta além – ou antes – das doxas? O próprio Grotowski pode nos levar para um caminho de pensamento sobre essas questões:

Se se pede ao ator para fazer o impossível e ele o faz, não é ele – o ator – que foi capaz de fazê-lo, porque ele – o ator – pode fazer

4. *Vigiar e Punir*, p. 119.
5. J. Grotowski, *Em Busca de um Teatro Pobre*, p. 180.

somente aquilo que é possível, que é conhecido. É seu homem que o faz. Nesse momento tocamos o essencial: "o teu homem". Se começarmos a fazer coisas difíceis, por meio do "não resistir", começamos a encontrar a confiança primitiva no nosso corpo, em nós mesmos. Estamos menos divididos. Não estar divididos – é essa a semente.[6]

Para Grotowski deve restar esse "teu homem". Não quero aqui – pretensiosamente – buscar traduzir o que seria esse "teu homem" para Grotowski, mas posso especular o que seja esse "homem" enquanto ator e principalmente como formador de atores.

Primeiramente, esse "teu homem" não pode ser confundido com uma essência humana totalizante. Desde a muito – Nietzsche como voz de frente – se questiona esse sujeito-homem, essa identidade-homem enquanto modelo de ação ou pensamento. Mais recentemente, Foucault já nos alertou sobre a "morte do homem". O homem deve ser entendido hoje como um grau de potência de afetar e ser afetado e não como um sujeito cuja suposta "essência humana" – encontrada em algum lugar profundo dentro de um interno não localizável – seja maculada pelas relações de um poder social, econômico e cultural. Nada a ser descoberto por véus que encobrem algo. Nada a ser encontrado ou reencontrado em um suposto passado perdido. Esse homem – enquanto grau de potência – enquanto capacidade de afetar e ser afetado – torna-se, hoje, um homem relacional. Ele não é uma essência universal maculada ou escondida, mas uma potência construtora presente, uma usina intensiva. Esse homem busca potencializar de forma alegre e positiva suas relações. E alegre aqui deve ser entendido em sua forma-Spinoza: alegria enquanto aumento de potência no encontro, aumento de grau de ação e paixão no encontro.

O homem é encontro, é busca de aumento de potência no encontro. É uma força de criação que busca o singular, a diferença e não o mesmo em uma suposta essência comum. Ou, ao menos, deveria trabalhar para isso. Se os corpos estão

6. L. Flaszen; C. Pollastrelli (orgs.), op. cit., p. 176.

docilizados, é porque o próprio corpo não compõe de forma alegre com seus encontros, forças e intensidades circundantes. Ele compõe, ao contrário, de forma triste com essas relações: um corpo dócil é um corpo impotente. Impotência e tristeza também no sentido-Spinoza de uma diminuição na potência de agir; um corpo que no encontro diminui sua potência de afetar e ser afetado.

No limite o homem compõe, cria, recria, atualiza de forma dinâmica e instável com o fluxo de encontros sociais, culturais, sejam eles coletivos e/ou singulares. Ele é atravessado e ao mesmo tempo age com e sobre esses fluxos. O homem é essa dinâmica: não dividido em forma-conteúdo, essência-existência, dentro-fora, singular-coletivo, homem--mulher, mas compondo com esses fluxos dinâmicos no espaço entre eles, nessa zona de vizinhança que deveria ser alegremente potente e que leva não ao mesmo essencial, mas, ao contrário, a uma diferença e a uma singularidade. Assim o corpo – enquanto homem – não é uma essência que se assenta nesse fluxo dinâmico, mas *ele é esse próprio fluxo dinâmico*. Ele se compõe e se recompõe; se cria, se recria e se diferencia nesse movimento.

É dessa forma que a "via negativa" de Grotowski não passa pela simples negação de algo, mas pela complexa afirmação de uma potência. Não interessa para a cena o homem-ator, o homem-ego, o homem-burguês, o homem--essencial, o homem-modelo, o homem-representacional. Interessa o homem relacional, poroso na potência de afetar e ser afetado. Não o homem que limpa sua composição dócil com os encontros, mas que a reverte, implode e transborda nesse mesmo aumento do grau de potência de afetar e ser afetado. Nada mais político que isso. Grotowski como grande pensador do corpo ético-político, foi o pensador da biopolítica como biopotência, pois buscava um homem que entra nesse fluxo de recriação de si mesmo. Não negar suas doxas culturais, sociais, pessoais, mas buscar com elas e através delas transformá-las, inverter seu fluxo da tristeza para a alegria. É nesse platô que o homem de Grotowski se assenta: o "teu homem" tão buscado talvez seja esse fluxo de transformação, e nesse "lugar" ele pode fazer o dito impossível: criar linhas de fuga, explodir as doxas, recriá-las, atualizar suas forças. Esse movimento é a potência do homem, um poder de recriar-se a cada instante, ou, o que dá no mesmo, diferenciar-se a cada microduração. O ator não escapa desse movimento ativo. E é dessa forma que o artista, o ator, não é – em absoluto – um ser privilegiado, um ser que possui uma suposta essência ou uma existência superior, mas somente aquele que faz desse fluxo de potência, dessa busca de transformação e criações de linhas de fuga e transbordamento uma recriação poética do corpo por meio das ações físicas.

Uma tradição pretende que a verdade seja um desvelamento. Uma coisa, um conjunto de coisas cobertas por um véu, a ser descoberta [...] Desvelar não consiste em remover um obstáculo, retirar uma decoração, afastar uma cobertura, sob os quais habita a coisa nua, mas seguir pacientemente, com uma respeitosa habilidade, a delicada disposição dos véus, os espaços vizinhos, a profundidade de sua acumulação, o talvegue de suas costuras, para abri-los quando for possível, como uma cauda de pavão ou uma saia de rendas.[7]

Uma pedagogia do ator deveria levar essas questões em consideração. Não negar as doxas corpóreas na busca de uma essência interior, mas utilizar-se delas para que ele – o ator – possa transbordá-las e entrar em uma zona de experimentação de novas construções e composições. Limpar as doxas corpóreas, nesse caso, não seria eliminá-las, mas compor e recompor outras potências e intensidades com elas mesmas.

Se não somos uma essência mascarada, mas um fluxo de potência de afetar/ser afetado, cujas doxas corpóreas o "docilizam" e entristecem, podemos dizer que o mesmo fluxo pode ser chamado de memória, já que a memória é a própria duração desse fluxo. O fluxo de composição

---

7. M. Serres, *Os Cinco Sentidos*, p. 78.

cotidiana corpórea desenha, gera experiências que não são arquivos decantados e acumulados em algum lugar do corpo ou do cérebro, mas que se acoplam ao corpo-memória em uma duração sempre presente de forma *virtual*[8]. Toda memória-corpo – seja presente, passado ou futuro imediato – dura no tempo presente. Stanislávski nos alertava sobre isso na importância da memória emotiva – tão confundida e transformada em processos de aprendizagem. Grotowski sempre nos alertou sobre o corpo como sendo a própria memória: "o corpo não tem memória, ele é memória. O que devem fazer é desbloquear esse corpo-memória"[9].

Para compreender melhor essa questão, devemos observar que o corpo virtualiza a memória – muito diferente de um acumular – numa relação dinâmica entre um estar-no-mundo adaptado e sensações independentes de nossa percepção ativa do mundo. O corpo negocia a atualização de uma ação presente com a sua própria duração presente. A atualização da duração presente e do próprio presente enquanto ação se dá por entrecruzamentos, relações, ações paradoxais e afetos receptivos e ativos coexistentes. Em outras palavras: o mundo é a dinâmica ativa/ receptiva, atualização/virtualização da própria duração no/ do corpo. A relação e diagonalização entre essas memórias são, em última análise, coexistências *virtuais* que habitam nosso presente atual. A memória não é acúmulo de lembranças, mas virtualidades potentes e presentes num corpo--agora. Aquilo que chamamos de lembranças se borram em suas bordas e núcleos e deixam rastros de vibração de

---

8. Sobre o virtual, não deve ser confundido e nem colocado em oposição ao real. O virtual não se opõe ao real, mas somente ao atual. O virtual possui uma plena realidade enquanto virtual. Do virtual é preciso dizer exatamente o que Proust dizia dos estados de ressonância: "reais sem serem atuais, ideais sem serem abstratos" (apud G. Deleuze, *Bergsonismo*, p. 78), e simbólicos sem serem fictícios. O corpo, como multiplicidade, possuirá, portanto, virtuais e atuais reais e, enquanto um atual, é rodeado por uma "névoa de imagens virtuais" e de "círculos sempre renovados de virtualidades" (G. Deleuze, apud E. Alliez, *Deleuze: Filosofia Virtual*, p. 49).

9. L. Flaszen; C. Pollastrelli (orgs.), op. cit., p. 173.

supostas lembranças originárias. Não é arquivo a ser acessado, porque essas virtualidades não são armazenadas, mas existem em uma duração de intensidades que atualizam e pressionam uma atualização de ação e afeto presente. Portanto a memória é uma duração que se recria e se atualiza o tempo todo. *Memória é criação* e também *recriação*. Uma constante criação e recriação de atuais que são gerados por virtuais em turbilhonamento.

O que podemos chamar de realidade atual do corpo é um furacão de criação de atuais e virtuais. Essa atualização, em si mesma, gera mais e mais virtuais que, por sua vez, se (re)lançam na própria memória-corpo, pressionando a formação de novos atuais sempre instantâneos, fugidios, instáveis e assim *ad infinitum*. Turbilhonamento atual-virtual em espiral de recriação constante. Se o corpo é memória (e não possui memória), o próprio corpo é um processo de criação e autocriação constante, mesmo em modo cotidiano de estar-no-mundo. O corpo é uma máquina autopoietica cotidiana. E, mais especificamente, na cena, uma máquina autopoiética estética[10].

Aqui ocorre um problema: se a memória parece ser em si criação, como lançá-la, então, em um processo criativo? Quando grupos e artistas dizem utilizar-se da memória (singular, coletiva, social, histórica) em um espetáculo ou um processo criativo cênico, que tipo de material é utilizado? Será que não existe uma contradição interna ou mesmo um pleonasmo entre a utilização de uma memória pessoal e uma memória que é recriada? Quando a memória pessoal passa a ser um material artístico, já que ela é criação *a priori*?

---

10. Os biólogos chilenos Humberto Maturana e Francisco Varela propuseram, no nível biológico, que um sistema vivo se caracteriza por essa circularidade autoprodutora (autocriativa): "Um ser vivo existe e consiste na dinâmica de realização de uma rede de transformações e de produções moleculares, de maneira tal que todas as moléculas produzidas e transformadas no operar dessa rede fazem parte da rede [...] percebi que o ser vivo não é um conjunto de moléculas, mas uma dinâmica molecular, um processo que acontece como unidade separada e singular como resultado do operar e no operar" (*De Máquinas e Seres Vivos*, p. 15).

Devemos fazer aqui uma distinção: a memória que discutimos acima é uma dinâmica em fluxo de criação constante que produz uma duração virtualizada e que se cria e se recria constantemente mesmo em modo cotidiano. Uma memória-potência que na filosofia atual – principalmente em Deleuze e Bergson – ou nos estudos contemporâneos da neurobiologia – principalmente em Damásio – é tão discutida e demonstrada. Esses estudos demonstram que tanto as experiências cotidianas de percepções macroscópicas, atuais ou extensas como as vivências de micropercepções virtuais e de afetos de forças intensas são virtualizadas e duram no presente do corpo. Esse movimento pressiona a atualização das experiências daquilo que chamamos realidade do corpo no presente, que, por ser experiência, também se virtualiza numa espiral de criação *ad infinitum* em retroalimentação.

Por outro lado, temos uma memória-doxa, memória senso-comum que possivelmente se traduz por lembranças pessoais acumuladas em um passado. Memória-doxa enquanto rastros mais ou menos constantes que geram a ilusão de um passado fixo que se acumula. Memória-doxa enquanto *representação* de uma lembrança ilusoriamente fixa no tempo e no espaço e que, enganosamente, poderia ser retomada, revivida como possível material de criação.

Mas essa relação é mais complexa. Não podemos simplesmente opor essas duas memórias. Elas não contêm qualquer diferença de natureza, mas simplesmente uma diferença de adensamento e velocidade. A memória-doxa nasce, na verdade, de uma percepção equivocada da própria memória criação. Ela é, justamente, um adensamento, uma cristalização, uma vontade de representação, uma desaceleração, uma estratificação da própria memória enquanto fluxo, intensidade, velocidade, força, intensidade. Essa memória-doxa é uma imagem representativa e fixada do próprio movimento--fluxo-criação da memória. É uma desaceleração; uma busca de representação imagética de uma ação de criação-memória não perceptível. Essas micropercepções não sensíveis do movimento de virtualização-atualização de memória-criação se adensam em macro-memórias-lembranças e geram uma possível ilusão de fixidez. Mas mesmo essas macro-memórias-lembranças são rastros que fluem no próprio território de seu adensamento. Elas apenas apresentam uma ilusão intelectual de representação, uma ilusão de fixidez, uma ilusão de arquivo acumulado que em qualquer análise mais cuidadosa não se sustenta em sua molaridade. Dessa forma, tanto uma como outra memória se retroalimentam, pois são graus de percepção de uma mesma memória que se cria e flui. Uma adensada e fixada pelo intelecto e outra cujo micromovimento turbilhonado de virtualização-atualização está em um platô de potência e de intensidade. A questão para o ator é como ultrapassar essa intelectualização e representação da memória-doxa para adentrar no fluxo criativo inerente à própria memória.

Acredito que essa memória-doxa, memória representativa – que podemos chamar nesse contexto de macro-memória-lembrança – tem pouco ou nada a ver com a criação teatral ou mesmo a criação artística. É dela que nos falam Deleuze e Guattari:

O material particular dos escritores são as palavras, e a sintaxe, a sintaxe criada que se ergue irresistivelmente em sua obra e entra na sensação. Para sair das percepções vividas, não basta evidentemente uma memória que convoque somente antigas percepções, nem uma memória involuntária, que acrescente a reminiscência, como fator conservante do presente. A memória intervém pouco na arte (mesmo e sobretudo em Proust). É verdade que toda a obra de arte é um monumento, mas o monumento não é aqui o que comemora um passado, é um bloco de sensações presentes que só devem a si mesmas sua própria conservação, e dão ao acontecimento o composto que o celebra. O ato do monumento não é a memória, mas a fabulação. Não se escreve com lembranças de infância, mas por blocos de infância, que são devires-criança[11] do presente. A

11. "Um devir não é uma correspondência de relações. Mas tampouco é uma semelhança, uma imitação e, em última instância, uma identificação [...] Devir não é progredir nem regredir segundo uma série, e sobretudo devir não se faz na imaginação. [...] O devir não produz outra coisa senão ele próprio" (G. Deleuze; F. Guattari, *Mil Platôs*, v. 4, p. 18). "No devir

música está cheia disso. Para tanto é preciso não memória, mas um material complexo que não se encontra na memória, mas nas palavras, nos sons: "Memória, eu te odeio".[12]

Não é a macro-memória-lembrança que interessa na construção de uma cena. Essa é a memória odiada acima e que a arte não necessita absolutamente. Mas, talvez, o que interesse ao ator é o mecanismo de como essa macro-memória-lembrança é atravessada e transbordada e com isso punge, ativa, processa uma *ação* que se cria no aqui-agora e se atualiza em intensidade presente, de tal maneira que transborda a potência cotidiana de memória-criação e se lança em fluxo aberto de potência extracotidiana. Isso poderia ser dito de outra forma: "a luta com o caos só é o instrumento de uma luta mais profunda contra a opinião, pois é da opinião que vem a desgraça dos homens"[13].

O importante é buscar compreender como essa macro-memória-lembrança lança o corpo em um campo de experimentação, em uma espécie de devir-lembrança que fabula, "ficciona", "sensaciona". A macro-memória-lembrança deveria ser usada somente como "estopim" que lança o ator na ação-sensação, o escritor na palavra-sensação, o músico no som-sensação. A criação está no limite, na fronteira da macro-memória-lembrança; caso contrário ela apenas representa uma ação macroscópica passada: não é imitar, no sentido de representar, ser criança novamente, mesmo que essa criança esteja alicerçada em uma lembrança forte. Ora, esse é todo o equívoco de como se compreendeu a memória emotiva de Stanislávski. Trabalhar com a pura imitação emocional, imagética ou concreta – ou seja, a representação – de qualquer macro-memória-lembrança, quase sempre, não traz nenhuma sensação ou

não há passado, nem futuro, e sequer presente; não há história. Trata-se, antes, no devir de involuir: não é nem regredir, nem progredir. Devir é tornar-se cada vez mais sóbrio, cada vez mais simples, tornar-se cada vez mais deserto e, assim, mais povoado" (G. Deleuze; C. Parnet, *Diálogos*, p. 39).

12. G. Deleuze; F. Guattari, *O Que É Filosofia*, p. 18.

13. Ibidem, p. 265.

mesmo ação-orgânica para o atuador, mas apenas macro-
-ações clichês.

Uma ação potente seria o atuador, por meio da macro-
-memória-lembrança enquanto disparador de uma criança
no presente, atualizando um devir-criança que se processa
no agora. Não imitar a criança-lembrança, mas atualizar a
criança-lembrança em um processo-fluxo de devir-criança
presente. Acessar ou disparar a memória enquanto potência de memória de atualização/virtualização em fluxo e
não enquanto possível lembrança passada. Não moldar o
corpo à lembrança-criança, mas deixar a criança-lembrança
lançar esse corpo-agora numa zona de experiência cujas
ações – e muitas vezes não são ações de criança! – atualizam ações-devir-criança que se processam em fluxo.

Mas como o atuador conseguiria isso? Quais os mecanismos de ação concreta e prática para tanto? A possível
resposta a essa questão é uma pedagogia e também uma
autopedagogia: o processo de criação a partir da memória é
sempre um procedimento que não se dá no sentido da con-
cretude do atual, mas de forças do virtual, e essa potência
sempre como fronteira de possibilidades de recriação do
atual. Portanto, a criação por meio da memória não pode
se dar através de atuais, ou seja, macroações físicas mimé-
ticas baseadas em macrolembranças passadas. Em outras
palavras: a busca da representação corpórea/vocal de uma
macro-memória-lembrança. A criação por meio da memória (que em si já é criação, mas falamos a partir de agora de
um processo construído, estético) se dá em uma zona de forças (in)constantes, à qual dei o nome de zona de turbulência. Nessa zona, a macro-memória-lembrança é lançada em
um limite de microações que maquinam, induzem, proje-
tam micropercepções não sensíveis, porque afetam naquilo
que poderíamos chamar – paradoxalmente – de experiência inconsciente. Alguns chamam de consciência ampliada.
Mas gostaria de afirmar que no contexto deste ensaio
essa experiência inconsciente ou "consciência ampliada"
não se liga absolutamente a qualquer coisa de místico ou

mágico. Existe uma espécie de empirismo não sensível, ao qual Deleuze chamou de empirismo transcendental. Uma zona virtual que não se opõe ao real, mas ao atual, justamente por ser absolutamente real e imanente. Zona virtual, intensa; zona de força e potência invisível e microscópica, mas completamente imanente ao corpo. Uma zona-corpo microscópica que não se reduz ao empírico ou ao sensível. Acredito que a arte habita essa zona e a busca de uma ação física a procura constantemente. A experiência estética de uma ação física é sua zona de turbulência não sensível que se produz na força, em uma zona pré-sensível, não consciente. Uma zona pré-percepção e pré-comunicação no sentido estrito e clássico desses dois termos. É a experiência inconsciente de um corpo atuante que acontece em uma zona de fronteira.

Numa palavra, "os fenômenos de fronteira" referem-se, antes de mais nada, à fronteira que separa, sobrepõe consciente e inconsciente [...] há uma especificidade do inconsciente que não se pode traduzir apenas numa diminuição dos traços psicológicos da consciência (clareza, consciência de si), mas que, no nosso entender, não se resume também ao deslocamento do problema, semiotizando as funções do inconsciente.[14]

Ou ainda:

O que é então a percepção da obra de arte? Nem um misto de prazer e de cognição, nem um ato que visa um fenômeno particular, visível, e cuja descrição deverá ocorrer necessariamente a conceitos clássicos da teoria do conhecimento; mas um tipo de experiência que se caracteriza, precisamente, pela dissolução da percepção (tal como é tradicionalmente descrita). O espectador vê, primeiro, como espectador (ou sujeito percepcionante) para, depois, entrar no outro tipo de conexão (que não é uma comunicação) com o que vê, e que o faz participar de um certo modo na obra. O que requer todo um outro campo de descrição desse participar, dessa dissolução do sujeito [...] Não deve, todavia, ser descrita com utensílios psicológicos, fenomenológicos ou semióticos [...] Curiosamente,

14. J. Gil, *A Imagem-Nua e as Pequenas Percepções*, p. 12.

a experiência estética não corresponde a nenhum objeto ou signo visível, e não visa um sentido [...] Sabemos, desde Kant, que o prazer que proporciona não é empírico, mas desinteressado; e desde Merleau-Ponty, que não é a experiência de uma consciência pura, sendo porém os olhos que vão, na filigrama do visível, procurar um modo de aparecer singular do ser e do espírito: uma certa visibilidade do invisível. Mas de que invisível?[15]

Essa dissolução da percepção talvez seja a pedra base que faz com que Paul Klee nos advirta que "a questão das artes plásticas nunca poderia [ser a de]realizar uma obra capaz de reproduzir o visível, mas sim tornar visível algo que estaria invisível no visível"[16]. Mas devemos tomar cuidado com o fato de que esses autores estão falando claramente da recepção da obra de arte. Uma pedagogia ou autopedagogia está no "como fazer", o que leva a uma práxis, um conjunto de práticas em afinidade com conceitos redimensionados de memória, zona de turbulência, experiência inconsciente. E inconsciente deve ser entendido aqui como uma instância que não é nem "estrutural, nem pessoal; não imagina, tal como não simboliza, nem figura; máquina: é maquínico. Não é nem imaginário, nem simbólico, mas é Real em si mesmo, o real 'impossível' e sua produção"[17]. Inconsciente como uma zona de produção e não de resíduos psicológicos reprimidos. Inconsciente como zona real de "experiências impossíveis". O inconsciente produz em um plano outro. Tocar o limiar consciente-inconsciente, como sugere Gil, seria adentrar em uma experiência não perceptiva no sentido fenomenológico, não sensível no sentido psicológico e não significativa no sentido semiótico. Seria, entretanto, adentrar em uma experiência estética que necessita, justamente, outros parâmetros conceituais e de reflexão, além de reconstruções constantes de todo um conjunto de práxis, que sejam

15. Ibidem, p. 13-23.
16. Oneto, apud D. Lins, *Nietszche e Deleuze. Arte e Resistência*, p. 199.
17. G. Deleuze; F. Guattari, *O Anti-Édipo*, p. 55.

nem fenomenológicos, nem psicológicos, nem semióticos ou semiológicos, mas artísticos.

Essa relação de fluxo e liminaridade entre consciente--inconsciente, visível-invisível não são novas. Grotowski já nos advertia que "quando são mantidas simultaneamente a espontaneidade e a precisão, agem ao mesmo tempo a consciência (isto é, a precisão) e a inconsciência (isto é, a adaptação espontânea)"[18].

Ou ainda:

Antes de uma pequena ação física, existe um impulso. É aí que reside o segredo de algo que é muito difícil de aferrar, porque o impulso é uma reação que tem início dentro do corpo e que só é visível quando já se tornou uma pequena ação. O impulso é tão complexo que não é possível dizer que pertença só à esfera corporal.[19]

Podemos deduzir, talvez, que esse algo que "não seja só do domínio do corporal", para Grotowski, seja adentrar em uma zona transcendente, espiritual e mística. Mas acredito que o impulso assim descrito pelo pensador não seja algo "para o dito além" ou algum lugar interno essencial não localizável, mas habite justamente essa zona de micropercepção e de forças imanentes e em fluxo-diferenciação que busco discutir.

Devemos, portanto, deslocar essas questões importantíssimas levantadas pelo tema da recepção da obra de arte para a relação prática com o fazer do atuador. Tarefa difícil, mas bastante instigante. Como atingir essa experiência pré-consciente não verbalizada ou ainda essa zona de forças invisíveis, de dissolução da percepção, como nos coloca Gil acima? Como utilizar a macro-memória-lembrança para lançar o ator nessa zona de turbulência criativa? Como lançar o atuante na fronteira ou zona de experiência? As perguntas do "como" nos lançam a processos práticos de trabalho.

18. L. Flaszen; C. Pollastrelli (orgs.), op. cit., p. 202.
19. Grotowski, apud T. Richards, *Trabalhar com Grotowski Sobre as Ações Físicas*, p. 108.

Porém, esse processo requer, assim como na problemática da recepção da obra de arte acima descrita por Gil, "todo um outro campo de descrição desse participar, dessa dissolução do sujeito". A reflexão desses "comos" também necessita de outro campo de descrição e análise conceitual.

A memória, como recriação presente e atualizada no corpo-memória na forma de duração de potência virtual, deveria levar o atuador a esse campo de fronteira criativa; a essa zona de experiência pré-consciente; não a uma zona atual de macroações ou macropercepções, mas a zonas de turbulência microperceptiva e microafetiva na dimensão do "como".

A Dimensão do Como

Fronteira, como entendemos no Lume, não é linha. Nem demarcação meramente espacial ou temporal entre dois pontos ou territórios. Não é uma marca de delimitação. Em realidade ela o é também... Mas não é, absolutamente, esse o sentido comum – senso comum – que interessa. Espaço--entre, *in-between*, MA (Tadashi Endo), Entre-mundo (Bhabha), Não Lugar (Augé), Zona de Vizinhança, Indiferenciação ou Indiscernibilidade (Deleuze), esses são os outros nomes de fronteira que interessam, pois eles não são apenas nomes, mas estados-de-vida-em-aberto-e-em--potência. Um espaço, um território de fronteira, é, por excelência, um território de devir. E devir não é evolução ou uma seta teleológica. Devir é uma Zona de Experiência, lugar-não-lugar-comum de experimentação. Um espaço--território de peste artaudiano.

Fronteira é um espaço de vizinhança no qual não há síntese entre dois elementos que geram um ponto-estático que deve ser – novamente – negado para que outra síntese aconteça, mas, sim, experiências entre duas ou mais partículas ou ações ou afetos em velocidade que geram potências. É por isso que não há dialética ou evolução ou teleologia na fronteira, mas potências de multiplicidades das quais nascem turbilhões, fissuras, involuções, quebras, rizomas, potências, velocidades e até mesmo, e também, sínteses. Assim, fronteira é um espaço de criação, recriação e conflitos. Território de velocidades e não de repouso. Fronteira não é um ponto, nem linha, nem demarcação, mas movimento, ação, potência, devir, velocidade.

"O mais profundo é a pele", segundo Paul Valéry[20]. Ora o que é a pele senão a superfície corpórea? Portanto, segundo Valéry, a pele é a superfície e, assim, o mais profundo é a superfície. Paradoxo da superfície. Paradoxo Valéry. Mas o que é a superfície ou a pele senão o próprio envoltório da fronteira? A pele é o corpo e ao mesmo tempo a matéria incorpórea da fronteira, pois é no território-pele que está o mais profundo da superfície, pois a pele – corpo em si paradoxal – é o território próprio da atualização – recriação em turbilhão de virtuais e atuais: movimento--ação da fronteira. E sabemos que "todo atual rodeia-se de círculos sempre renovados de virtualidades, cada um deles emitindo um outro, e todos rodeando e reagindo sobre o atual"[21]. A pele emite e absorve partículas virtuais numa relação absolutamente dinâmica de atualização. Essas partículas são ditas virtuais "à medida que sua absorção e emissão acontecem em um tempo menor que o mínimo de tempo possível pensável, e à medida que essa brevidade os mantém, consequentemente, sob um princípio de incerteza ou indeterminação"[22]. Essa ação de atualização gera um território-pele dinâmico, pois ele se desterritorializa em *continuum* e ao mesmo tempo se reterritorializa em *continuum* nele mesmo, em um tempo menor que o mínimo pensável. Por isso instável, por isso incerto, por isso indeterminado, por isso invisível, por isso inconsciente em seu sentido produtivo descrito acima. Por isso a fronteira é lugar de conflito, pois a fronteira é sempre móvel nesse turbilhão. É na

20. Apud G. Deleuze, *Conversações*, p. 109.
21. G. Deleuze, apud E. Alliez, *Deleuze: Filosofia Virtual*, p. 49.
22. Ibidem.

pele, nessa linha entre um possível dentro (dobra do fora) e um possível fora (desdobra e projeção do dentro) que está a fronteira. Mas a fronteira não está na pele; a fronteira é a própria pele, e é nela que essa dinâmica atualização-virtualização em turbilhão espiralado – porque não circular, porque nunca atravessa o mesmo ponto – acontece. É a pele que é esse *continuum* de movimento de virtualização-atualização impensável, incerto, indeterminado: dinâmica de atualização que emite e absorve virtuais. É nesse território-pele que está a memória enquanto duração de virtuais no presente que se (re)cria – e portanto, se atualiza – a cada instante. A memória se territorializa na pele, no mais profundo dela. Pele – memória – fronteira, ou ainda Memória – fronteira – pele, ou ainda Fronteira – pele – memória, ou ainda: a pele como fronteira biológica:

O vivo vive no limite de si mesmo, sobre seu limite [...] a polaridade característica da vida está no nível da membrana; é nesse terreno que a vida existe de maneira essencial, como o aspecto de uma topologia dinâmica que mantém ela própria a metaestabilidade pela qual existe. Todo o conteúdo do espaço interior está topologicamente em contacto com o conteúdo do espaço exterior sobre os limites do vivo; não há, com efeito, distância em topologia; toda massa de matéria viva, que está no espaço interior, está ativamente presente ao mundo exterior sobre o limite do vivo. Fazer parte de interioridade não significa somente estar dentro, mas estar do lado interno do limite[23].

E voltando a Valéry: o mais profundo é a fronteira. (Ao mesmo tempo, tanto a pele como a fronteira, no corpo, são metonímicos e estabelecem campos de contiguidade com a coluna, com os membros, com o interno, ferido ou atingido pela experiência.) Assim, a fronteira não está distante: a mais longínqua fronteira é a própria superfície-território da pele. A fronteira sempre está próxima porque sempre afeta e se autoafeta a um mesmo tempo, seja na percepção de síntese consciente ou na experiência inconsciente das

23. Simondon, apud G. Deleuze, *Lógica do Sentido*, p. 106.

micropercepções. Basta ativá-la, basta transbordá-la nela mesma, pois a fronteira é o limite: além da fronteira, mais fronteira, além do limite, mais limite. Fronteira é pele e nesse sentido o mais profundo é também o mais próximo, o mais superficial.

Esse espaço de fronteira – território-pele – é justamente o platô no qual respiram os corpos nômades. E o corpo nômade respirando não é aquele que não possui qualquer território, mas justamente aquele que se territorializa no próprio movimento de desterritório. O nômade é pele. A terra do corpo nômade é uma ação de potência, uma ação de possibilidades. Nesse sentido, ninguém mais aterrado que o corpo nômade, pois ele está quase sempre em velocidade, sempre em potência de formação. Uma velocidade aterrada na ação de potência, aterrada na própria potência, no território de fronteira, na zona de experiência e possibilidades: velocidade aterrada – esse é o paradoxo do corpo nômade.

A Vida do nômade é intermezzo [...] O nômade se distribui num espaço liso, ele ocupa, habita, mantém esse espaço, e aí reside seu princípio territorial. Por isso é falso definir o nômade pelo movimento [...] o nômade é aquele que não parte, que não quer partir, que se agarra a esse espaço liso onde a floresta recua, onde a estepe ou o deserto crescem e inventam o nomadismo como resposta a esse desafio [...] É nesse sentido que o nômade não tem pontos, trajetos nem terra, embora evidentemente ele os tenha. Se o nômade pode ser chamado de o Desterritorializado por excelência, é justamente porque a reterritorialização não se faz depois, como no migrante, nem em outra coisa, como no sedentário [...] Para o nômade, ao contrário, é a desterritorialização que constitui sua relação com a terra, por isso ele se reterritorializa na própria desterritorialização.[24]

Assim, a terra do nômade é a fronteira. Mas cuidado: o nômade constrói a fronteira em sua velocidade aterrada. Na medida em que caminha, o corpo nômade potencializa a própria experiência de ser nômade, deixando atrás de si um rastro de peste que pode gerar novos contágios.

24. G. Deleuze; F. Guattari, *Mil Platôs*, v. 5, p. 51-53.

Um corpo nômade não descortina ou descobre fronteiras, ele as constrói em sua ação de potência e, ao mesmo tempo, a fronteira, como território de ação em desterritorialização abarca o corpo nômade. Retroalimentação. Relação de puro Espaço de Escher[25]: qual mão desenha qual? A fronteira não pré-existe, pois ela sempre é criada e recriada. Por isso a fronteira não é somente mapa espacial, mas abarca também as tensões nas relações, criações, pensamentos, experiências e se configura como e na arte, como e na ciência, como e no espaço de potência de todas as áreas, tempos e espaços.

Como vimos, uma fronteira não existe na linha que delimita territórios; ela se constrói e é criada-recriada na ação de um corpo nômade que se aterra no território em ação de desterritorialização, ou seja, na potência, na Zona de Experiência. Lançar um corpo cotidiano na fronteira é, portanto, lançá-lo no nomadismo, ou seja, na ação ativa de experiências. Não corpos dóceis (Foucault), mas corpos potentes. Não corpos passivos, mas ativos. É nesse sentido que a fronteira e o corpo nômade estão no campo da política e da ética.

Em trabalhos e experiências recentes realizadas por mim – enquanto ator-pesquisador no Lume e também em aulas –, lançar um corpo cotidiano em corpo-subjétil – corpo-nômade-em-arte – e, portanto, gerar um território de fronteira, pode passar por dois elementos que se completam entre si: o paradoxo e a micropercepção. Respiremos, portanto, um pouco de paradoxo e também um pouco de micropercepções.

---

25. Fascinado pelos paradoxos visuais, Escher chegou à criação de mundos impossíveis. O artista joga a perspectiva para produzir efeitos de ilusão de óptica. Os seus desenhos nos levam a novos universos e a espaços verdadeiramente misteriosos e buscam, de certa forma, figurar um espaço infigurável.

Respirando o Paradoxo

Um corpo em busca de corpo-subjétil dança em sala de trabalho. Dança uma música, o silêncio, as percepções e micropercepções, ou simplesmente dança a sensação de vazio, que também não deixa de ser um afeto poderoso. Agora o responsável pelo trabalho pede ao corpo: exploda densidade, mantenha a suavidade, ou, em outro momento: exploda suavidade, mantenha a densidade. Em outro momento: suavidade no abdômen, densidade no resto da musculatura, ou ao contrário: densidade no abdômen, suavidade no resto da musculatura. Não dançar suavidade *ou* densidade, mas dançar suavidade *e* densidade. Dançar também suavidade com densidade, ou ainda densidade com suavidade. O corpo cotidiano do senso comum está repousado e passivamente pontuado no território do *ou*. Homem *ou* mulher. Velho *ou* criança. Ativo *ou* passivo. Dança *ou* teatro. Por que não lançá-lo em fronteira (velocidade) no território do *e*: homem *e* mulher, velho *e* criança. E ir além: lançá-lo no território da experiência: homem e velho e criança e mulher tudo em zona de vizinhança, em peste. O paradoxo – o *e* – pode levar o corpo à fronteira, pode gerar uma linha de fuga, pode fazê-lo adentrar na zona de experiência e atravessar a macro-memória-lembrança. Outras potências, percepções, sensações, afetos.

Desde o ano de 2002 venho testando a realização de coleta de material corpóreo-vocal dentro de um procedimento que chamo "Corpo como Fronteira". Esse procedimento consiste na realização de um trabalho de desautomatização do corpo através do contato com a música juntamente com o trabalho energético[26] proposto

26. O treinamento energético é um espaço no qual o ator passa por uma espécie de desautomatização forçada. O trabalho de treinamento energético busca "quebrar" as doxas e os vícios no ator para que ele possa dar, senão um livre curso, a possibilidade de aparecimento de pequenos campos de vivência intensiva que, dentro do Lume, chamamos de energias potenciais do ator. Maiores informações em meu livro *Café Com Queijo, Corpos em Criação*.

95

pelo Lume. No procedimento CCF (Corpo como Fronteira), esse treinamento energético é diluído primeiro na relação do corpo consigo mesmo, mas apoiado e afetado por uma sequência musical externa colocada pelo coordenador do trabalho que dá suporte às ações. Nessa fase do trabalho os performadores atuam e treinam de uma forma coletiva.

Em um segundo momento existe um trabalho mais individualizado no qual um performador "dança" uma música de forma livre. Tanto o coordenador como os outros performadores observam a dança e posteriormente analisam e criticam o colega na possível verificação de clichês pessoais, bloqueios musculares, ritmos mono-córdicos etc. Com essas informações e auxiliado pelos companheiros e pelo coordenador, o performador dança novamente e busca encontrar novas possibilidades cor-póreas, fugir dos apontamentos nocivos realizados. Nesse ponto coordenador e performador buscam criar potências e fronteiras corpóreas para caminhos possíveis e novas alianças e afetos para que o corpo possa encontrar um fluxo orgânico de ações.

Palavras de uma experiência 1:

Primeiras palavras do caderno: "zona de experiência", ou "linha de fuga", ou "tudo que tira o corpo do eixo". Assim, ligadas com "ou". Mais pra frente, a ideia do para-doxo como estado corporal que possibilita a linha de fuga para essa zona de experiência. Trabalhamos o suave e o denso ao mesmo tempo no corpo, e então eu entendi uma coisa grande, dessas que carregarei pra vida: quali-dades distintas de movimento podem coexistir no corpo, e elas *conversam*. Pois eu havia estudado muito esse lance da simultaneidade de qualidades opostas no corpo; afi-nal eu estudei Laban muito, muito, muito, com o olhar atento da Valerie Preston-Dunlop que me dava uma atenção generosíssima, mas até na aula do Renato eu pensava no corpo fragmentado como espaços isolados. E agora mudou: esses muitos centros têm, na realidade, linhas de comunicação entre si, ou seja, o corpo se torna uma grande teia, seria isso uma ideia rizomática?[27]

Palavras de uma experiência 2:
Durante as aulas, as experimentações perpassaram por universos imaginários, deslocando o sujeito a uma nova perspectiva da realidade, colocando o corpo em ação, um corpo dinâmico; ou seja; coexistindo em relação aos elementos pertencentes ao momento vivenciado. Dentro desta ideia, Renato trouxe o conceito que chama de "Zona de Experiência", em que coloca o sujeito/objeto (corpo-subjétil) numa condição de instabilidade, gerando através dos conflitos e paradoxos as incertezas deste corpo, disponibilizando novos caminhos a serem explorados.[28]

Palavras de uma experiência 3:
A instalação daquilo que ele nomeou "zona de experiência" foi concretizada de várias formas. Uma de suas ocorrências se deu por meio da exploração do componente de movimento peso e de suas qualidades expressivas básicas (denso e suave, como por ele instruído). Buscando atingir uma atitude interna 'paradoxal', Ferracini propôs que investigássemos diferentes gradações do fator peso (ora de forma isolada ora simultânea), evoluindo pelos diferentes níveis espaciais (baixo, médio e alto) e pelo espaço geral da sala. É interessante notar que o fator peso está relacionado a um aspecto mais físico da personalidade, informando o que do movimento, a sensação e a intenção de realizá-lo. Sabemos que agindo sobre a organização gravitacional

27. Trabalho final de Juliana Moraes para a disciplina de pós-graduação Laboratório II – Experimentações Sobre o Ator, o Intérprete e o Performer, ministrada em conjunto na Unicamp por mim, pelo Prof. Dr. Fernando Villar (UnB) e pela Profa. Dra. Verônica Fabrini (Unicamp) no primeiro semestre de 2007.
28. Trabalho final de Daniela Gati para o mesmo curso referido na nota anterior.

estaremos agindo sobre a carga expressiva do gesto e acionando ao mesmo tempo os níveis mecânicos e afetivos da organização do indivíduo. O bom domínio da organização gravitacional e de suas modulações é o que nos permitirá acionar simultaneamente diferentes níveis de expressão e, portanto, atitudes corporais opostas, dissociadas ou distorcidas. Essas informações nos auxiliam a compreender a trajetória percorrida por Ferracini em sua intenção de nos conduzir ao "estado de estranhamento" (paradoxo) desejado. A partir desse princípio provocativo – conquistado de maneiras variadas no decorrer do processo –, estabeleciam-se novas redes de conexão entre os participantes, que sob instruções do diretor conseguiam produzir soluções cênicas *sui generis* e imensamente criativas.[29]

O paradoxo – o *e* – pode levar a uma sensação corpórea de confusão, de não controle. Dançar densidade *e* suavidade ao mesmo tempo pode reconstruir uma possível consciência plástico-corpórea do que seja racionalmente densidade ou suavidade. O corpo é lançado em desafio de pensamento-criatividade e resolve a questão em ação, em atividade em sua própria fronteira-pele. A percepção macroscópica se reduz – ou se amplia – em micropercepção. É assim que a consciência se plastifica no corpo. Força, portanto, a consciência a literalmente tomar corpo, transformando uma possível consciência do corpo em "corpo da consciência". Acredito que nesse momento...

a consciência torna-se "consciência do corpo", os seus movimentos, enquanto movimentos de consciência adquirem as características dos movimentos corporais. Em suma, o corpo preenche a consciência com sua plasticidade e continuidade próprias. Forma-se assim, uma espécie de "corpo da consciência": a imanência da consciência

29. Silvia Gerardi, O Estado do Ser e Não Ser das Artes Performativas Contemporâneas, *Revista Científica/FAP*, Curitiba, v. 3, jan.-dez., 2008, p. 191-192. Disponível em: <www.fap.pr.gov.br/arquivos/File/RevistaCientifica3/18_Silvia_Geraldi.pdf>. Acesso em fev. 2013.

ao corpo emerge à superfície da consciência e constitui doravante o seu elemento essencial[30].

Esse possível corpo da consciência – ou uma consciência plástica – está focado em suas próprias micropercepções e microarticulações. O foco da consciência deixa de ser exteriorizada e colocada em um objeto externo ou, ainda, deixa o território do *ou* e passa a ser autogeradora corpórea, forçada pelo território de fronteira; a consciência transborda para o corpo e o corpo plastifica a consciência, ambos, um só, mergulhados no espaço de Escher. O corpo da consciência é, literalmente, o corpo integrado – corpo- -subjétil – que gera pensamento. A consciência aqui não é mais entendida como síntese de experiência ou percepção empírica, mas o corpo da consciência como experiência inconsciente, como potência virtual e de fluxo ou, ainda, como "forma da força".

Esse corpo da consciência, ou experiência inconsciente faz,

nascer *formas invisíveis* que dizem das formas visíveis mais do que elas próprias manifestam. Porque as microformas insensíveis (pequenas percepções) intersticiais eram diferenciais, quer dizer, relações entre distâncias, espaços, qualidades invisíveis, indeterminadas, desérticas – relações infinitesimais de que as percepções sutis são feitas. Ora, estas relações, incessantemente móveis, resultam de movimentos e os movimentos de forças. São as formas dos movimentos de forças que dão a ver o invisível [...] não é a forma de uma figura, mas a *forma de uma força* que assim se manifesta[31].

O corpo que pensa e, portanto, cria, é microscópico. O corpo-subjétil é, virtualmente, invisível a olho nu. Está na fronteira, no platô de forças. O corpo-subjétil na fronteira, na pele, na fronteira-pele, no paradoxo entra no turbilhão de atualização-virtualização, o qual emite e absorve partículas virtuais em uma dinâmica temporal infrapensável,

30. J. Gil, *Movimento Total*, p. 108.
31. Idem, *A Imagem-Nua e as Pequenas Percepções*, p. 54 (grifos do autor).

incerta e instável. Esse fluxo desloca, transborda, transpassa e lança a consciência do corpo das macropercepções e da percepção sintetizada pela consciência para o corpo da consciência das micropercepções; zona essa de formas de forças, de experiências inconscientes, transcendência empírica na qual reina o paradoxo, o "e". O corpo-subjétil – lançado na fronteira pelo paradoxo – transborda, afeta e é afetado pelas micropercepções.

Respirando a Micropercepção

Talvez a arte, mais especificamente o corpo do teatro, da dança e da performance enquanto corpo-subjétil, recriem outro tempo e um outro espaço. Mas o que significa recriar outro tempo, outro espaço? Seria uma mera metáfora? Obviamente, quando dizemos que o corpo-subjétil cria outro tempo e outro espaço não queremos dizer, obviamente, que ele tem a capacidade de diminuir ou acelerar a pulsação temporal no seu relógio de pulso ou que o espaço ao redor desse corpo-subjétil se expanda ou se comprima mecanicamente transgredindo as funções matemáticas espaciais e as leis da física. Poderíamos dizer, então, que o corpo-subjétil não age nas leis da física clássica, mas nas percepções e afetações sensoriais singulares tanto do atuador como do receptor. Mesmo assim, as percepções e sensações "reais" do tempo não se alteram, pois ambos são sintetizados pela consciência e geram macropercepções temporais e espaciais. Mas poderíamos dizer aqui que se o corpo-subjétil age tão somente nas percepções e afetações sensoriais singulares, ele ainda estaria conectado ao tempo-espaço clássico, já que as macropercepções, em última instância, são leituras sintetizadas conscientemente de percepções que "habitam" esse tempo-espaço clássico. Portanto, ao adentrarmos na tentativa de realização de outro tempo-espaço no corpo-subjétil, não discursamos nem no território do tempo-espaço mecânico, nem no território dessas macropercepções sensoriais. Então, sobre qual topografia nos colocamos?

Para falarmos de outro tempo-espaço no corpo-sub-jétil, teremos que falar justamente dessas micropercepções, microafetações que tanto aludimos acima. Teremos que falar desse universo microscópico sobre o trabalho do performador que, talvez, atravesse e transborde essa síntese consciente. Falemos, então, dessas microvibrações perceptivas e afetivas que recobrem a macroestrutura de uma ação, de um espetáculo, de um corpo-subjétil.

Poderíamos pedir ajuda a Leibniz e às leituras de Deleuze sobre esse grande filósofo para traçar uma linha de pensamento sobre as micropercepções. Segundo Leibniz, as macropercepções são recobertas e formadas por um conjunto quase infinito de micropercepções.

As micropercepções, ou representantes de mundo, são essas pequenas dobras em todos os sentidos, dobras em dobras, sobre dobras, conforme dobras, um quadro de Hantai ou uma alucinação tóxica de Clérambault. São essas pequenas percepções obscuras, confusas, que compõem nossas macropercepções, nossas apercepções conscientes, claras e distintas: uma percepção consciente jamais aconteceria se ela não integrasse um conjunto infinito de pequenas percepções que desequilibram a macropercepção precedente e preparam a seguinte.[32]

Ou ainda:

Como uma fome sucederia a uma saciedade, se mil pequenas fomes elementares (de sais, de açúcar, de gordura etc.) não se desencadeassem de acordo com ritmos diversos, despercebidos? Inversamente, se a saciedade sucede a fome, isso acontece pela satisfação de todas essas pequenas fomes particulares. As pequenas percepções são não apenas a passagem de uma percepção, como são também os componentes de cada percepção.[33]

32. G. Deleuze, *A Dobra: Leibniz e o Barroco*, p. 147-148.
33. Ibidem, p. 148.

E completa o próprio Leibniz:

Essas pequenas percepções, devido às suas consequências são, por conseguinte, mais eficazes do que se pensa. São elas que formam este não sei o quê, esses gostos, essas imagens das qualidades dos sentidos, claras no conjunto, porém, confusas nas suas partes individuais, essas impressões que os corpos circundantes produzem em nós, que envolvem o infinito, esta ligação que cada ser possui com todo o resto do universo. Pode-se até dizer que, em consequência dessas pequenas percepções, o presente é grande e o futuro está carregado de passado, que tudo é convergente [...].[34]

Podemos ter duas leituras básicas sobre essas citações: as macropercepções objetivas que "habitam" o território do tempo-espaço clássico são modos de um conjunto infinito de micropercepções que produzem experiências inconscientes e afetos não sensíveis. Ou seja, essas micropercepções são afetos reais, porém virtuais e invisíveis em sua existência singular. Habitam o plano da força. A atualização desses virtuais somente se dá na percepção geral de seu conjunto, gerando uma macropercepção. Em segundo lugar, esses micropercepções desequilibram as macropercepções. Uma macropercepção, portanto, é sempre uma instabilidade, sempre sujeita a alterações microscópicas, já que é a atualização de um conjunto infinito de micropercepções.

Mas não devemos entender de uma forma simplista que as macropercepções são sínteses conscientes de micropercepções pensadas em uma via de mão única: do micro ao macro. Podemos dizer que essa síntese deixa sempre rastros de afetos microperceptivos que afetam o corpo através de formas de força invisíveis, e que essas atualizações perceptivas macroscópicas geram microafetos e micropercepções virtuais na própria ação de síntese. Assim como o virtual e o atual, a macropercepção e a micropercepção habitam o espaço de Escher em uma hélice de cocriação. É nesse sentido que podemos afirmar que o corpo-subjétil

---

34. G. Leibniz, *Novos Ensaios Sobre o Entendimento Humano*, p. 27.

102

gera micropercepções quando realiza uma ação física e é afetado por essas mesmas micropercepções que a ressintetizam, diferenciando-a em seu universo microscópico. É em sua microscopia gerada que a ação física se cria e se recria em fluxo. E é na microscopia que ela se diferencia de forma qualitativamente mais potente, mesmo tendo a aparência macroscópica do igual e do mesmo.

É aqui que José Gil diferencia a ação de ver da ação de olhar: vemos ações macroscópicas e olhamos afetos microscópicos. Percebemos conscientemente com o ver, enquanto o olhar habita a sensação, o afeto.

Olhar – não ver unicamente – é fazer irromper movimentos imperceptíveis entre as coisas, juntá-las em unidades quase discretas, amontoados, aglomerados, tufos, abrindo na paisagem brechas imediatamente colmatadas pelas pequenas percepções que compõem as articulações sensíveis [...] Olhar é entrar na atmosfera das pequenas percepções [...] Na atmosfera nada de preciso é ainda dado, há apenas turbilhões, direções caóticas, movimentos sem finalidade aparente. Contudo, a atmosfera anuncia – ou pré-anuncia, faz pré-sentir a forma pro vir que nela se desenhará. A atmosfera muda então, se torna clima, define-se, assume determinações e formas visíveis.[35]

Adentrar nesse olhar – e podemos dizer olhar corpóreo, não somente reduzido ao órgão da visão – pré-sensível, pré-síntese de visibilidade, seria adentrar, justamente, em uma zona de micropercepções afetivas, ou seja, mergulhar, ser atravessado e atravessar um espaço virtual, que não quer dizer irreal, porque é uma zona de força, potência e intensidade imanente. Um espaço não localizável de infinitas pequenas percepções – micropercepções – virtuais que desestabilizam as macropercepções, sejam elas temporais e/ou espaciais. É nesse território virtual das micropercepções singulares virtuais que o tempo e o espaço se recriam no corpo-subjétil do performador. É nesse território que o corpo-subjétil pulsa, não de forma cronológica, mas em um tempo aiônico, "o

35. J. Gil, *A Imagem-Nua e as Pequenas Percepções*, p. 52.

tempo-acontecimento intensivo, o tempo do acontecimento ou do devir [...] independente dos valores cronológicos ou cronométricos que o tempo toma nos outros modos"[36]. Esse tempo está em um território outro, não simplesmente de oposição, mas de uma afirmação de diferença em aumento de potência, uma afirmação de selvageria em relação ao território do dócil corpo cotidiano, cujo tempo pertence à *Chronos* e é crivado de estratos, extensividades, molaridades, territórios, identidades e sujeitos. Essa zona microscópica de tempo aiônico é uma zona de indeterminação, uma zona indiscernível na qual pessoas, coisas, sensações, natureza atingem pontos de vizinhança e peste, interagindo em suas diferenças para gerarem somente mais diferenças. Geram experiências, não somente de sínteses de consciência, mas de experiências inconscientes; em outras palavras: experiências de fluxos de diferenciação geradas pelas pequenas percepções, ou seja, fluxos de devires moleculares e devires imperceptíveis. Uma zona intensiva. Uma zona na qual um homem e um animal, uma vespa e uma orquídea não se transformam um no outro no nível macroscópico, mas existe algo que se passa "entre" eles, de um para o outro, nesse fluxo de microscopia: uma microzona de sensações intensas gerada pela (e gerando a) macrozona de percepções sensíveis.

Chamo o território que abarca esse sistema complexo e coexistente de micro e macropercepções em relação de fluxo rizomático na arte da performance de *zona de turbulência*. Uma zona cujo tempo-espaço é realizado por um tempo aiônico de puro acontecimento e um espaço paradoxal de Escher. É nessa zona de turbulência que o corpo-subjétil do performador recria o tempo e o espaço clássico através e por sobre e por debaixo das micropercepções. Da mesma forma que as micropartículas subatômicas desestabilizaram os conceitos da física clássica, gerando novos paradigmas científicos e obrigando Heisenberg a introduzir na própria equação da mecânica quântica a possibilidade da incerteza e

36. G. Deleuze; F. Guattari, *Mil Platôs*, v. 4, p. 51.

da instabilidade do universo, as micropercepções do corpo-subjétil nos obrigam a tratar algumas questões sob a luz de outros conceitos e paradigmas, mesmo temporais e espaciais, para a arte performática: zona de turbulência, tempo virtual aiônico, espaço paradoxal de Escher, corpo-subjétil, micropercepções virtuais, formas de força. Claro que na zona de turbulência existem elementos macroscópicos formais nas quais a arte cênica se atualiza. As ações do corpo-subjétil são atualizadas de forma macroscópicas; o espaço cênico é atualizado de forma macroscópica com seus cenários ou mesmo com seu espaço vazio; os figurinos são atualizados macroscopicamente através de tecidos e cores; a luz é macropercebida visualmente em suas ondas. Mas todos esses elementos, mesmo em conjunto e em relação, não bastam para gerar a zona de turbulência em sua complexidade. Todos esses elementos macroscópicos são assentados sobre as micropercepções infinitas e instáveis dessas macropercepções. A zona de turbulência é gerida muito mais pelo conjunto virtual dessas micropercepções, que a todo tempo desestabilizam as macropercepções, do que pelas macropercepções em si mesmas. A zona de turbulência é o fator de força invisível de fluxo de diferenciação microscópica e, também, agente da instabilidade das macropercepções sensíveis, seja na camada singular da ação física de um performador, seja no nível complexo da dramaturgia de um espetáculo.

Podemos pensar as micropercepções também como microafetações, microautoafetações e microautopercepções. O conjunto desses elementos "micros", rebatidos por sobre esse microrrizoma e que desestabilizam as macropercepções da zona de turbulência, podemos chamar – como José Gil o faz – simplesmente de zona[37]. Mas podemos chamá-lo também de território micro. O corpo-subjétil cria, gera e mergulha nesse território micro que desestabiliza os elementos macroscópicos da zona de turbulência, cujo tempo-espaço é a todo tempo "microrrecriado".

37. J. Gil, *Movimento Total*, p. 134.

Portanto, o corpo-subjétil é ao mesmo tempo ativo (porque cria, gera e afeta esse território micro) e receptivo (porque mergulha nesse mesmo território micro e deixa-se afetar por ele). Percebe, sente, sofre, é afetado por micropercepções e, ao mesmo tempo, efetua, atua, atinge, fere com microafetações que se rebatem no rizoma da zona de turbulência e são devolvidas, retornadas como microafetações que geram micro autoafetações e micro autopercepções, que novamente desestabilizam as micropercepções, gerando um fluxo relacional em espiral contínua. Complexo microrrizomático *ad infinitum*. Apesar dessa complexidade discursiva, o performador trabalha esses elementos e fluxo processual em sua práxis diária. O corpo-subjétil pensa dessa forma, em rizoma, em zonas virtuais de micropercepções. O corpo pensa em tempo aiônico e no espaço paradoxal. Ele pensa no território micro e atualiza essa ação-pensamento nas macroações físicas.

As metáforas utilizadas no dia a dia do trabalho do performador são comuns para dizer desse território micro que desestabiliza a zona de turbulência, principalmente quando se trabalha com a preparação e exercícios para atuação: deixar-se impregnar pelo corpo, deixar o corpo falar, ouvir o espaço, ampliar a percepção, ampliar a escuta, escutar e ouvir o outro, perceber o outro, perceber o tempo, sentir o ritmo etc. São também comuns metáforas utilizadas em relação à recepção para dizer dessa zona de microelementos virtuais em relação dinâmica instável: atingir o público por outro canal, procurar uma comunicação mais profunda, buscar uma percepção não consciente, não racional com o público etc. Como diz José Gil:

Deixar-se "invadir", "impregnar" pelo corpo significa principalmente entrar na zona das pequenas percepções. A consciência vígil, clara e distinta, a consciência intencional que visa o sentido do mundo e que delimita um campo de luz, deixam de ser pregnantes em proveito das pequenas percepções e do seu movimento crepuscular.[38]

38. Ibidem, p. 130.

Atingir essa zona de turbulência, no que se refere ao território micro, cujo tempo-espaço torna-se virtuais aiônicos e paradoxais de Escher, talvez seja o objetivo intuitivo de todo performador, traduzidas nas metáforas de trabalho acima.

Na práxis de trabalho, esse território micro pode de certa forma ser gerado e trabalhado com o auxílio de um mergulho concreto na musculatura sutil do corpo. Steve Paxton, criador do Contato Improvisação, em seu exercício de base, pede aos seus alunos que permaneçam em pé, mas com a musculatura totalmente relaxada. Quando os dançarinos acreditam estarem totalmente relaxados, ele pergunta: se estão relaxados, porque não caem no chão? Eles descobrem, então, o que Paxton chama de *small dance* (pequena dança). A dança da musculatura sutil que mantém o corpo em pé mesmo em estado de relaxamento. Klauss Vianna chama essa "pequena dança" de musculatura antigravitacional. A pequena dança é o movimento efetuado no próprio ato de estar em pé: não é um movimento conscientemente dirigido, mas pode ser conscientemente observado[39].

É nessa musculatura sutil que o equilíbrio precário estudado pela antropologia teatral age. Quando Decroux desloca levemente o centro de gravidade corpórea para frente, ele "força" um trabalho maior dessa musculatura sutil para manter o corpo em pé, expandido o trabalho muscular necessário para realizar tal função. Decroux chama esse estado de "equilíbrio de luxo". O mesmo ocorre com o balé clássico ou com algumas das técnicas codificadas orientais (No, Kabuki, Kathakali). Esses deslocamentos de peso – ao menos nessas formas codificadas expressivas acima citadas – buscam, na posição base, deslocar levemente essa musculatura antigravitacional – cada qual à sua maneira – realizando uma "força" extra da musculatura sutil para manter o corpo em pé. No fundo e na base, todas trabalham a partir da *small dance* e da musculatura sutil de sustentação do corpo.

---

39. S. Paxton, apud J. Gil, *Movimento Total*, p. 109 passim.

Podemos dizer que ao menos essas técnicas codificadas de encenação trabalham a partir de uma sutilização das percepções corpóreas a partir de um deslocamento da consciência do corpo para essas pequenas musculaturas. Isso, de certa forma, auxilia a lançar o corpo no território micro. Força, portanto, a consciência a, literalmente, tomar corpo, transformando uma possível consciência do corpo em "corpo da consciência".

a consciência torna-se "consciência do corpo", os seus movimentos, enquanto movimentos de consciência adquirem as características dos movimentos corporais. Em suma, o corpo preenche a consciência com sua plasticidade e continuidade próprias. Forma-se, assim, uma espécie de "corpo da consciência": a imanência da consciência ao corpo emerge à superfície da consciência e constitui doravante o seu elemento essencial[40].

Mas devemos tomar cuidado com duas questões: em primeiro lugar, não podemos confundir a *small dance* com o próprio território micro. Realizar o deslocamento da consciência para uma ação sutil não significa absolutamente adentrar no território micro. Essas ações sutis, mesmo que invisíveis a olho nu, ainda são percebidas conscientemente pelo atuador, ou seja, ainda são sintetizadas e atualizadas pela percepção consciente. Elas não são virtuais, mas atuais sutis. Podemos dizer que esse deslocamento para o sutil auxilia, em muito, uma criação de forças virtuais, microscópicas e invisíveis que são apenas experimentadas pelo performador, pois habitam o terreno do insensível. Efetuam nele uma experiência inconsciente na própria imanência do corpo. A experiência desse fluxo instável do território micro somente pode ser vivenciada pelo atuador e afetá-lo ao mesmo tempo. Impossível codificá-la. Apenas a vivência constante de busca de entrada nesse território por meio de um trabalho diário e sistemático (seja em sala de treinamento, seja em sala de ensaio, seja em momento de

40. Ibidem, p. 109.

apresentação, seja em vivências de percepções e observações sutis do cotidiano ou outras quaisquer) é que talvez o ator possa ter a possibilidade dessa experiência. Mas lembremos que esse território se traduz pela instabilidade, pela velocidade, pelo fluxo. A função do atuador é justamente buscar mergulhar a ação física macroscópica nesse território de fluxo, instabilidade e diferenciação microscópica, ao mesmo tempo em que a gera e é afetado por ela. Mas essa instabilidade de base nunca garantirá ao atuador o sucesso desse mergulho. Daí a completa instabilidade da atuação entre distintas apresentações de um mesmo espetáculo, e mesmo no decorrer de um mesmo dia de espetáculo.

O segundo cuidado a ser tomado é não confundir o "corpo da consciência" colocado por Gil com certa consciência ampliada intelectual do corpo. Falar em "corpo da consciência" é dizer de uma plastificação da consciência no corpo; é deslocar a percepção consciente para a experiência microperceptiva e invisível (mas real. Sempre real. A micropercepção invisível jamais pode ser confundida com uma "imaginação"). O "corpo da consciência" poderia ser a própria tradução do corpo-subjétil, pois jorra e é afetado por essas experiências inconscientes e percepções insensíveis do território micro.

Nunca a fenomenologia considerou a consciência fora da intencionalidade. Todavia, a abertura da consciência ao corpo modifica radicalmente as descrições e as análises fenomenológicas [...] A consciência do corpo não acaba no corpo. Mergulhando no corpo, a consciência abre-se ao mundo; já não como consciência de alguma coisa, já não segundo uma intencionalidade que faria dela doadora de sentido, não pondo um objeto diante de si, mas como adesão imediata ao mundo, como contato e contágio com as forças do mundo.[41]

O corpo-subjétil está focado em suas próprias micropercepções e microarticulações. O foco da consciência deixa de ser exteriorizado, ou seja, apoiado em um objeto externo e passa a ser uma *infraconsciência* autogeradora

41. Ibidem, p. 141-142.

corpórea, porque está conectada ao território micro (a leitura de uma suposta consciência ampliada deveria ser entendida como potência de infraconsciência, potência de percepções microscópicas, insensíveis e invisíveis, porém absolutamente reais); a consciência transborda para o corpo e o corpo plastifica a consciência, ambos um só e mergulhados no espaço de Escher. Esse processo gera um corpo-subjétil em fluxo do território micro: um fluxo corpóreo que gera pensamentos, não aqueles inteligíveis sintetizados pela consciência, mas aqueles experimentados pela sensação. Como diria Gil, "tudo isso é o que a dança produz. Enquanto dinâmica das forças inconscientes circulando 'à flor da pele', a dança implica sempre o contágio dos corpos, ou seja, a comunicação de inconscientes"[42]. Por fim, ainda Gil: "de fato, a consciência do corpo faz-se inconsciente do corpo ou inconsciente de posição: percebe os movimentos e as configurações inconscientes que os corpos deixam entrever como 'contornos do vazio'"[43].

E esse pensamento tem sua possível experimentação e vivência no deslocamento cuidadoso do equilíbrio de luxo de Decroux; nas micromusculaturas da pequena dança de Paxton e na musculatura antigravitacional de Klauss Vianna. O corpo que pensa e, portanto, cria, é microscópico. O corpo-subjétil é virtualmente invisível a olho nu, e é nesse invisível que a arte da performance mergulha no território micro.

O recente projeto, que chamo de "Corpo como Fronteira", no Lume, é exatamente a busca prática desse corpo da consciência. Esse projeto tem como foco e questão básica o corpo em uma liminaridade teatro, dança, performance. Qual é o corpo da dança, que é igual ou parecido com o corpo do teatro, que é igual ou parecido com o corpo da performance? Não cabe aqui descrever detalhadamente os trabalhos e exercícios realizados para tal fim, mas cabe ressaltar que todos os exercícios e trabalhos confluem para a

42. Ibidem, p. 120.
43. Ibidem.

busca de uma sutilização do corpo. Uma busca de transbordar o corpo como "corpo da consciência", corpo-subjétil, e para a experimentação desse território micro. Todos os trabalhos realizados de forma prática em sala, depois de um tempo expandidos são, em um primeiro momento, experienciados nessas macrorrelações perceptivas corpóreas. Claro que nessas macroações realizadas no tempo-espaço clássico, o território micro já está desde sempre pressionando essa experiência. Não custa lembrar que as macroações são atualizadas a partir de uma nuvem de virtuais microperceptivos e que esse processo dobra-se nele mesmo. Ou seja, esse evento de atualização macroscópica da ação e sua virtualização em microações e linha de rastros microperceptivos coexistem em dinâmica e fluxo de criação, recriação e diferenciação. A causa de um é efeito do outro e vice-versa.

Em um segundo momento do trabalho do "Corpo Como Fronteira", essas macroarticulações corpóreas espaciotemporais vão sendo "embutidas" na musculatura, ou seja, os trabalhos realizados no tempo-espaço clássicos, com seu ritmo macroscópico singular, sua espacialidade macroscópica singular, seu tempo cronológico singular, são diminuídos no próprio tempo-espaço clássico até ficarem "escondidos no corpo". O performador, então, continua sua dança pessoal singularizada, agora interiorizada, colocada na musculatura sutil, gerando ações invisíveis. Ação na inação. Dessa forma ele é lançado e forçado a um terreno de experiências das micropercepções, esse mundo da sutileza, esse mundo da virtualidade, da força e da intensidade. Ele é compelido a vivenciar uma zona de turbulência no território micro. Sua consciência é convidada a experienciar as micropercepções por meio de sua musculatura sutil e, de certa forma, ser transbordada para o corpo, tornando-o pensamento muscular. Ao mesmo tempo, o corpo plastifica e corporifica a consciência, tornando-a material. Em um estado de micropercepção, o corpo se torna evanescente como a consciência e a consciência material como o corpo, ambos em um estado único e relacional de Escher. O próprio tempo se materializa no corpo – e por isso torna-se não cronológico. O tempo aiônico é absolutamente corporal, mas sempre um corporal virtualizado no próprio tempo aiônico. Por isso o tempo aiônico é experiência, é devir, pois pode ser vivenciado no corpo-subjétil. Enquanto isso, o espaço ao redor do corpo torna-se sua expansão. O espaço torna-se espaço do corpo. É por isso que o corpo mergulhado nesse território micro, quando em relação com outro corpo-subjétil, pode perceber seu deslocamento no espaço, pode antecipar seus movimentos e suas ações. É assim que

A consciência do corpo tornou-se antes um universo de pequenas percepções. Para ser exato, a consciência não é "invadida" pelas pequenas percepções: torna-se por inteiro um bloco de miríades de pequenas percepções, bloco que, por seu turno, goza das propriedades das pequenas percepções. Faz-se, por exemplo, vidente. Antecipa os movimentos do seu par porque percebe as linhas de força que os prolongam no futuro. Eis o que explica que dois corpos, no Contato Improvisação, se compreendam, e que seu movimento recíproco "pegue".[44]

O corpo mergulha em um fluxo espaço-tempo virtual no qual corpo, espaço e tempo pensam conjuntamente no mesmo espaço de Escher, na mesma zona de turbulência. E como pensamento pode deslocar-se, atravessar, turbilhonar, dobrar o passado e o futuro no acontecimento do aqui--agora. É nesse momento que o corpo torna-se fronteira. É no território micro que a liminaridade teatro, dança e performance está virtualizada na mesma zona de turbulência. São as micropercepções que transbordam e expandem as bordas. No corpo-subjétil, a borda mais expandida é, portanto, a linha mais próxima, sutil, delicada de uma dança da musculatura *small dance* ou antigravitacional, que pode efetuar uma experiência da micropercepção ou, o que dá no mesmo, da vivência de um invisível concreto e real.

44. Ibidem, p. 131.

AÇÃO FÍSICA: AFETO E ÉTICA[1]

[...] somos um grau de potência, definido pelo poder de afetar e ser afetado. Mas jamais sabemos de antemão qual é nossa potência. Do que somos capazes. É sempre uma questão de experimentação. Não sabemos ainda o que pode o corpo, diz Spinoza, só o descobriremos no decorrer da existência. Ao sabor dos encontros. Só através de encontros aprendemos a selecionar o que convém com nosso corpo, o que não convém, o que com ele se compõe, o que tende a decompô-lo, o que aumenta sua força de existir, o que a diminui, o que aumenta sua potência de agir, o que a diminui.

PETER PÁL PELBART[2]

1. Uma parte e versão reduzida deste texto foi publicada na revista *Urdimento*, n. 13, em 2009. Outra parte e versão, sob o nome de "Uma Pedagogia da Memória Ação", foi publicada na revista *Olhares* n. 1 da faculdade Célia Helena, também no ano de 2009. Aqui esses textos foram fundidos, revisados e ampliados.

2. *Elementos Para uma Cartografia da Grupalidade*, p. 33.

Já é bastante comum a conceituação de ação física designada por Grotowski e Thomas Richards. Partindo da diferença entre atividade, gesto e movimento, podemos iniciar uma discussão conceitual sobre o que vem a ser ação física no território da atuação. Diferença entre atividade e ação:

As atividades no sentido de limpar o chão, lavar pratos, fumar cachimbo não são ações físicas, são atividades. Pessoas que pensam trabalhar sobre o método das ações físicas fazem sempre esta confusão. Muito frequentemente o diretor que diz trabalhar segundo as ações físicas manda lavar pratos e chão. Mas uma atividade pode se transformar em ação física. Por exemplo, se vocês me colocarem uma pergunta muito embaraçosa (e é quase sempre assim), eu tenho de ganhar tempo. Começo então a preparar meu cachimbo de maneira muito "sólida". Neste momento vira ação física, porque isto me serve. Estou muito ocupado em preparar o cachimbo, acender o fogo, assim depois posso responder à pergunta.[3]

Diferença entre gesto e ação:

Outra confusão relativa às ações físicas: é de que são gestos. Os atores normalmente fazem muitos gestos pensando que este é o "métier". Existem gestos profissionais – como os do padre. Sempre assim muito sacramentais. Isto são gestos, não ações [...]
O que é um gesto se olharmos do exterior? Como reconhecê-lo? O gesto é uma ação periférica do corpo, não nasce do interno do corpo, mas da periferia. 1° exemplo: quando os fazendeiros dizem um bom dia às visitas, se são ainda ligados à vida tradicional, o movimento da mão começa dentro do corpo [Grotowski demonstra], e os da cidade assim [demonstra o mesmo movimento partindo das mãos]. Este é o gesto. Quase sempre se encontra na periferia, nas "caras", nesta parte das mãos, nos pés, pois muito frequentemente não tem origem na coluna vertebral. Ao contrário a ação é algo mais, porque nasce do interno do corpo, está radicada na coluna vertebral e habita o corpo.[4]

3. Palestra proferida por Grotowski no Festival de Teatro de Santo Arcângelo (Itália), em junho de 1988. Texto completo e traduzido pode ser encontrado no <http://www.grupotempo.com.br/tex_grot.html>, acesso em 30 jul. 2012.
4. Ibidem.

Diferença entre movimento e ação:

Outra confusão é entre movimento e ação. O movimento como na coreografia não é ação física. Mas cada ação física pode ser colocada em forma, em ritmo, pode vir a ser, mesmo a mais simples, uma estrutura, uma partícula de interpretação perfeitamente estruturada, organizada, ritmada. Do externo, nos dois casos, estamos diante de uma coreografia. Mas no primeiro caso, coreografia é somente movimento, e no segundo é o externo de um ciclo de ações intencionais. Quer dizer que no segundo caso, a coreografia é parida no fim, como a estruturação de reações na vida.[5]

Assim, podemos arriscar, por meio dessas citações, um início de conceituação. Ação física é algo que:

1. Necessita de elementos básicos como concentração, objetivo e um vínculo com alguma outra imagem ou necessidade externa à atividade desenvolvida: "Neste momento vira ação física, porque isto me serve. Estou muito ocupado em preparar o cachimbo, acender o fogo, assim depois posso responder à pergunta". Ação física nesse contexto é algo que ocorre no espaço "entre" uma atividade e uma conexão externa a essa mesma atividade.

2. Não nasce na periferia do corpo. Uma ação física sempre é um engajamento muscular e nervoso total. "A ação é algo mais, porque nasce do interno do corpo, está radicada na coluna vertebral e habita o corpo".

3. A ação física deve ser organizada, formalizada, ritmada. Mas não é o movimento que é organizado. Essa organização e seu ritmo devem partir de um corpo ao realizar uma ação em conexão com algo externo e com engajamento psicofísico total. "Mas cada ação física pode ser colocada em forma, em ritmo, pode vir a ser, mesmo a mais simples, uma estrutura, uma partícula de interpretação perfeitamente estruturada, organizada, ritmada".

Temos então um primeiro esboço conceitual de ação física: um fluxo muscular-nervoso com total engajamento

5. Ibidem.

psicofísico em conexão com algo externo (seja objeto, espaço, outro corpo – ator ou espectador –, imagem e mesmo outra ação física) e que é formalizada, estruturada, ritmada, enfim, codificada no tempo-espaço.

O mais importante, a nosso ver, nesse primeiro esboço conceitual, é essa "ligação" ou conexão com algo externo. A consequência natural desse pensamento é dizer que uma ação física nunca é em si, ou conectada com algum universo interno, essencial, "humano", mas sempre é uma relação. A ação física é relacional. A suposta "humanidade" e presença percebidas em uma ação física constroem-se nessa relação. Ela não mergulha em um suposto interior emocional do ator, ou se conecta com alguma essência humana profunda e interna. Muito pelo contrário, a ação física se conecta com o fora, ela é um corpo integrado – e por isso relaciona todo seu universo "interno" em fluxo e projeta esse fluxo na relação com o mundo.

A ação física se territorializa em um corpo que exige essa preparação para o externo, ou seja, essa coexistência de projeção e porosidade em relação ao externo. A ação física exige um corpo-em-arte e mais, um corpo-em-arte preparado. Podemos pensar que a ação física é esse próprio corpo-em-arte no seu encontro de ampliação de potência. Em outras palavras: ao pensar o corpo como uma singularidade que amplia sua potência nos encontros com outras singularidades externas (o outro ou outros) e ao verificar que uma ação física relaciona essas singularidades ou proporciona esses encontros, podemos dizer que as bordas e fronteiras entre um suposto interno e um suposto externo se diluem na própria ação física. Ela – a ação – se projeta para fora ao mesmo tempo que esse fora afetado atinge e afeta ela mesma. A esse movimento em fluxo espiralado de diferenciação da ação física, a esse diluído-projetado de sujeito e objeto dei o nome de corpo-subjétil. Esse corpo-subjétil produz essas "ações físicas", que nada mais são que territórios complexos e precisos (sempre em desterritorialização), cujo fluxo de produção se entende por – concomitantemente – gerar e afetar o próprio território que produz, diferenciando-o e recriando-o em *continuum*. No Lume chamamos a ação física de matriz. Se o corpo-subjétil é fluxo de diferenciação em projeção enquanto conceito, a matriz é seu território enquanto um conjunto de práticas operativas e qualitativas, tanto no nível atual macroscópico das percepções e materialidades precisas como também nas zonas de micropercepções energéticas e de forças virtuais produzidas no encontro com o outro (ou outros) em ampliação de potência. A matriz é o correspondente cênico da "alegria" de Spinoza.

Importante observar que a matriz (ação física) amplia sua potência no encontro. Já dissemos que a matriz acontece no espaço "entre" uma atividade e uma conexão externa a essa mesma atividade. Assim, essa atividade ou singularidade externa deve afetar a matriz para que o encontro ocorra em acontecimento presente e aconteça o fluxo de diferenciação. Podemos dizer que a capacidade de afeto de uma matriz determina sua própria potência. É o afeto e não a ação consciente do movimento que produz a potência da matriz. Quanto mais porosa a matriz, mais potente ela será. Uma porosidade microscópica criada na própria ação atual macroscópica. Convém dizer que essa capacidade de afeto, ou porosidade, não é, em absoluto, a capacidade de diferenciação macroscópica, mas microscópica, pois essa porosidade encontra-se nos interstícios da precisão do movimento, nos espaços entre a plasticidade desenhada da ação e na capacidade desse desenho projetar-se. Dessa forma, a capacidade de afetar-se pelo mundo e não a capacidade de atuação consciente nele é o que define a potência da matriz. É a capacidade de afetar-se, de ser porosa, que faz com que a matriz inicie seu processo de fluxo de diferenciação ativa e receptiva coexistente, e não sua ação ativa consciente no espaço.

Ora, essa capacidade de organicidade da matriz discutida acima é a mesma do corpo enquanto poder de existência relacionada à sua capacidade de afeto e não de poder de agir – e esse "poder" pode ser entendido aqui como aquilo que o corpo pode fazer.

Deleuze nos lembra que a investigação dessa estrutura não deve ser em termos de poder de agir (espontaneidade), mas sim em termos de poder de ser afetado: a estrutura de um corpo é a composição de sua relação. Aquilo que um corpo pode fazer é tanto a natureza quanto os limites de seu poder de ser afetado. O horizonte de afetividade, então, propiciará o terreno para a nossa especulação e revelará outras distinções dentro do corpo, distinções dentro do poder.[6]

A potência de existência do corpo relaciona-se – mesmo em seu estado cotidiano de existência – mais com o poder de compor com as forças externas para ampliar sua potência do que pela sua capacidade agir. De fato é essa composição que amplia sua potência de ação. No corpo, assim como na matriz poética, *o agir se produz pelo afeto e por essa capacidade de composição*. A preparação do ator deveria focar seu trabalho muito mais em sua capacidade de compor com as forças e linhas que o atravessam para daí gerar ação do que em uma capacidade de agir tecnicamente e de forma somente precisa pelo tempo-espaço. É por isso que a pretensa intenção do atuador de "atingir o público" com sua ação parte de uma premissa equivocada. O ator busca compor com o mundo ao seu redor para, com isso e por meio disso, agir diferenciando-se em suas microações. Esse poder de composição também não deve ser confundido com causa-efeito: o atuador não se afeta para depois agir. Ele, em realidade, age com o afeto, no afeto, pelo afeto. Compõe, negocia com o meio e age com ele, e nesse processo transforma-se e transforma.

Mas o ator age. Essa é sua função: agir, fazer ações orgânicas. O ator é um fazedor profissional de ações orgânicas. A ação física é sua poesia cênica (Burnier). Mas essa ação deveria ser justamente a mediação, a intersecção, a

6. M. Hardt, *Gilles Deleuze: Um Aprendizado em Filosofia*, p. 148.

relação biunívoca e bitransitiva entre pontas que se dobram: o afeto e o ser afetado. Sempre uma composição de afetos. A ação deita no afeto, que alimenta o próprio afeto e o diferencia em sua micropercepção, que, por estar diferenciada, reproduz outra ação pelo afeto microdiferenciado. Spinoza chama de *conatus* essa intersecção entre afeto-ação. Segundo Hardt, *conatus* poderia ser traduzido por esforço, o que nos dá uma noção de produção, experimentação, empenho de execução, comprometimento de práticas.

> [O *conatus*] por um lado, é a essência do ser na medida em que o ser é produtivo; é o motor que anima o ser como o mundo. Nesse sentido, *conatus* é a continuação, em Spinoza, do legado do naturalismo da renascença: o ser é espontaneidade, pura atividade. Por outro lado, entretanto, o *conatus* é também a instância do princípio ontológico de poder, dado que é uma sensibilidade; é movido não apenas pelas ações mas também pelas paixões da mente e do corpo. É essa rica síntese da espontaneidade e da afetividade que marca a continuidade entre o princípio ontológico de poder e o *conatus*[7].

Buscar esse *conatus* ético de Spinoza na vida e na potência cotidiana do corpo pode ser traduzido poeticamente com o que chamamos de treinamento, ou ainda, o que prefiro chamar no momento, de preparação: preparação do atuador enquanto busca desse ponto de convergência dinâmica: deixar-se afetar e agir, ou seja, compor. Treinamento ou preparação como *conatus* poético do atuador. Eugênio Barba chama esse território de busca de pré-expressividade. E ler esse conceito da antropologia teatral como um conceito de ação não expressiva, ou ainda ação antes da expressão, é um erro. O corpo expressa. O corpo cotidiano expressa sempre. Mesmo o suposto vazio e a inação são uma forma específica de expressão. Mas podemos dizer que as expressões cotidianas são varridas por um coletivo múltiplo de gestuais lugares-comuns. Clichês e sensos comuns corpóreos regem as expressões cotidianas, sejam

---

7. Ibidem, p. 150.

elas coletivas ou singulares. Podemos arriscar que essas ações-clichês sejam o agir espontâneo ou mecânico sem o tempo da composição. É dessa forma que o clichê corpóreo poderia ser definido como uma ação mecânica, um agir espontâneo cotidiano sem o tempo do afetar-se. Isso obviamente não é uma crítica nem individual nem social. Esses gestuais clichês e sensos comuns nos permitem a comunicação do dia a dia e, portanto, são necessários a uma época, cultura e a singularidades inseridas nesse território temporal e espacial específico. Mauss e Le-Breton possuem estudos profundos nesse sentido. Mas a arte corporal, o corpo-subjétil busca a transgressão desses limites expressivos cotidianos. E para isso ele precisa de preparação e da busca dessa síntese que o *conatus* de Spinoza propõe: deixar-se afetar e afetar: composição.

Preparar um corpo-subjétil é buscar ir além dessa géstica cotidiana. Treinar e preparar o corpo pré-expressivamente é o mesmo que realizar uma pós-expressão cotidiana, pós no sentido de novas possibilidades, pós-possibilidades. Buscar potências de possibilidades; levar o corpo em uma jornada de potências: isso é pré-expressividade, e não há nada mais expressivo que a pré-expressividade. Para se lançar nesse território pré-pós-expressivo (portanto, entre), o corpo necessita de um território cujo tempo e espaço possam ser dobrados, reconfigurados e cuja potência de ação possa ser alegre, no sentido spinoziano de aumento de potência. É dessa necessidade que vem a palavra treinamento. Mas cada ator, cada grupo, cada corpo-subjétil constrói o seu próprio treinar, e treinar esse corpo-subjétil não é tão somente um trabalho necessariamente realizado em sala por um período determinado de tempo. O treinar é muito mais uma busca de estado de tempos de afetar-se para a composição do que exercícios executados em um espaço-tempo exato com um agir mecânico. No estado do treinar, pouco importa a execução precisa e exata do exercício ou sua evolução enquanto complexidade. Importa, sim, o uso de trabalhos e exercícios para se atingir um limite,

120

uma borda, criar uma fissura em sua géstica conhecida e cotidiana ou mesmo em seus clichês expressivos artísticos singulares, no caso de um ator com experiência.

Esse treinar – quase uma ética – essa pré-pós-expressividade está alicerçado em três pilares básicos que são três multiplicidades complexas e que se comunicam em rizoma: a memória, a vivência e a experiência.

A memória é duração. Já discutimos isso em outro ensaio, mas não custa relembrar em outras palavras: a memória virtualiza o passado em um presente que sempre passa. No entanto, o passado virtual não se traduz por arquivos acumulados em formas de lembranças concretas, mas precipita-se em uma duração virtualizada que se in-corpora independentemente de nossa vontade e gera uma espécie de memória ontológica ou ainda uma memória em duração corpórea. Estamos sempre atualizando esses virtuais, e essa duração sempre pressiona a própria atualização. A atualização pode ser meramente mecânica: quando dirigimos um carro, por exemplo, atualizamos mecanicamente os virtuais de memória do coletivo de ações do guiar ou essas memórias são atualizadas independentemente de nossa vontade; um cheiro que nos remete a uma atualização de sensação, um gosto que atualiza uma memória involuntária. Proust, em *Em Busca do Tempo Perdido*, poetiza magnificamente essa potência independente de atualização de memória em sua passagem sobre o gosto do bolinho de Madeleine, lembrança da infância do herói, na cidade de Combray, atualizada pelo gosto do bolinho com chá (p. 69-74). Todavia, a ação de atualização não é uma ida do presente ao passado em uma espécie de revivência da lembrança, mas uma vinda do passado ao presente que gera uma recriação da lembrança enquanto potência virtualizada no aqui agora. É por isso que toda atualização é uma criação: a vinda do passado ao presente recria o passado nesse mesmo presente.

Acredito que haja uma espécie bem específica de atualização de memória que é a sua atualização corpórea para um fim estético. Estamos falando, agora, da capacidade do atuador em buscar uma atualização dessa virtualidade de memória, recriando-a em um fluxo corpóreo poético, ou ainda da capacidade do atuador em atualizar uma ação poética da mesma forma como as palavras de Proust em sua passagem magnífica sobre Madeleine. Mas a atualização do atuador – ao invés de serem palavras e frases de uma literatura em suas sequências, ritmos e cores – é realizada por meio de ações físicas ou matrizes corpóreas. Atualização de vivências e experiências com o corpo, pelo corpo, através do corpo. Esse movimento, esse fluxo é possível devido à atualização de vivências intensivas trabalhadas em estado de treinamento ou preparação.

Vivência deve ser entendida aqui como algo que:

é trazida para fora da continuidade da vida, permanecendo ao mesmo tempo referida ao todo da própria vida [...] Na medida em que a vivência fica integrada ao todo da vida, este todo se torna também presente nela[8].

Segundo Gadamer, uma vivência teria a capacidade de, ao mesmo tempo, realizar certo desvio de fluxo da vida, mantendo nesse mesmo desvio o todo potente da própria vida; e esse desvio vital – que contém o todo da vida – faz parte da própria vida. Uma vivência, nesse caso, é uma experiência intensiva, vital, lançada de forma potente na duração de memória que mantém como um nódulo metonímico de potência virtual pronta para ser atualizada/recriada no momento do estado cênico. É quando atualizadas em fluxo de recriação que podemos chamar esses nódulos de matrizes. Treinar, portanto, significa criar a possibilidade de vivenciar experiências intensivas, a ponto de essas experiências serem passíveis de recriação posterior, recriando seu fluxo vital que ela, em si, já contém. Assim, a questão não é executar um trabalho, mas vivenciá-lo, experienciá-lo, puxar esse trabalho em um limite intensivo. Claro que não estou falando aqui de um elemento meramente mental, no sentido de uma

8. H.-G. Gadamer, *Verdade e Método I*, p. 116.

lembrança racional, mas dessa vivência como virtualidade potente no próprio corpo-memória, ou seja, não devemos entender memória e vivência como experiências mentais ou meramente imagéticas, localizadas em um ponto específico chamado cérebro, porém como vivências corpóreas, vivências-subjéteis. Será que ainda necessitamos provar o corpo integrado? Memória é corpo, já gritavam tantos pesquisadores teatrais. Continuemos a gritar, então...

Todavia, a vivência vem pela experiência da preparação e do treinar. E aqui voltamos ao poder de se deixar afetar e não somente de agir. Gerar vivências está mais para deixar-se afetar do que agir; e o mesmo ocorre com a busca do limite. Preparar-se é parar, ouvir, deixar-se impregnar pelo espaço e pelo tempo. Deixar-se penetrar pelo outro e pelo mundo. Ser afetado por você mesmo. Experienciar é gerar vivências nas micropercepções de espaço-tempo e nas microrrelações com o outro. Treinar é buscar vivências e linhas de fuga na recomposição do encontro com suas próprias linhas de força e com as linhas de força que se compõem nos encontros. Segundo Larrosa Bondia, a experiência não está no tempo de vida ou profissional, nem no acúmulo de opiniões referendadas; não se assenta no conhecimento científico ou artístico, nem no mundo conceitual das definições, nem mesmo no acúmulo de informações. A experiência não mora na velocidade, mas no tempo dilatado. No afeto.

A experiência, a possibilidade de que algo nos aconteça ou nos toque, requer um gesto de interrupção, um gesto que é quase impossível nos tempos que correm: requer parar para pensar, parar para olhar, parar para escutar, pensar mais devagar, olhar mais devagar, e escutar mais devagar; parar para sentir, sentir mais devagar, demorar-se nos detalhes, suspender a opinião, suspender o juízo, suspender a vontade, suspender o automatismo da ação, cultivar a atenção e a delicadeza, abrir os olhos e os ouvidos, falar sobre o que nos acontece, aprender a lentidão, escutar os outros, cultivar a arte do encontro, calar muito, ter paciência e dar-se tempo e espaço. Até aqui, a experiência e a destruição da experiência. Vamos agora ao sujeito da experiência. Esse sujeito que não é o sujeito da informação, da opinião, do trabalho, que não é o sujeito do saber, do julgar, do fazer, do poder, do querer. Se escutarmos em espanhol, nessa língua em que a experiência é "o que nos passa", o sujeito da experiência seria algo como um território de passagem, algo como uma superfície sensível que aquilo que acontece afeta de algum modo, produz alguns afetos, inscreve algumas marcas, deixa alguns vestígios, alguns efeitos. Se escutamos em francês, em que a experiência é "ce que nous arrive", o sujeito da experiência é um ponto de chegada, um lugar a que chegam as coisas, como um lugar que recebe o que chega e que, ao receber, lhe dá lugar. E em português, em italiano e em inglês, em que a experiência soa como "aquilo que nos acontece, nos sucede", ou "happen to us", o sujeito da experiência é sobretudo um espaço onde têm lugar os acontecimentos.[9]

Ou ainda, citando Heidegger:

fazer uma experiência com algo significa que algo nos acontece, nos alcança; que se apodera de nós, que nos tomba e nos transforma. Quando falamos em "fazer" uma experiência, isso não significa precisamente que nós a façamos acontecer, "fazer" significa aqui: sofrer, padecer, tomar o que nos alcança receptivamente, aceitar, à medida que nos submetemos a algo. Fazer uma experiência quer dizer, portanto, deixar-nos abordar em nós próprios pelo que nos interpela, entrando e submetendo-nos a isso. Podemos ser assim transformados por tais experiências, de um dia para o outro ou no transcurso do tempo[10].

A experiência é o tempo do afeto e também o tempo de afetar-se. A experiência, portanto, não produz ação mecânica automatizada, mas vivências que escapam ao mundo cotidiano da opinião e das doxas. A experiência precisa de um espaço de desaceleração, de percepção e micropercepção do mundo. A experiência dobra o fluxo da vida comum e, com o afeto, produz um nódulo, um aglomerado, um desvio potente de vida que mantém a potência da vida como um todo, a "vivência" de Gadamer.

9. J. Larrosa Bondia, Notas Sobre a Experiência e o Saber de Experiência, *Revista Brasileira de Educação*, v. 1, p. 19.
10. Heidegger, apud J. Larrosa Bondia, op. cit., p. 25.

Experienciar, portanto, é agir pelo poder do afeto, que gera uma vivência intensiva, que por sua vez se virtualiza em memória e que, em processo de atualização, produz o território do que chamamos de ação física ou matriz. Essa pode ser recriada em fluxo de diferenciação que afeta todo o processo, recriando-o em um movimento espiralado de recriação. Dessa forma podemos esquematizar a seguinte relação em espiral das multiplicidades: memória, vivência, experiência.

O espaço-tempo de preparação gera *experiência* enquanto afeto → esse afeto gera *vivência* enquanto desvio, nódulo parcial vital que mantém o todo potente da vida → esse desvio potente do fluxo vital comum gera *memória* enquanto duração virtual potente no presente do corpo → sua ação de atualização produz um *território-matriz* (território de recriação) macroscópico, extenso, corpóreo e microscópico de força, intenso mas sempre poroso para afetos e autoafetos → a ação de atualização dessa matriz recria o território da matriz e a *diferencia* em seu universo de micropercepção → essa microdiferenciação no território-matriz, em função de sua porosidade, gera nele mesmo uma experiência interna ao território-matriz → esse auto--afeto gera um nódulo de potência e por conseguinte produz uma vivência interna ao próprio território da matriz, desterritorializando-a e reterritorializando-a nela mesma → essa vivência reatualiza a memória do território-matriz → A reatualização gera nova experiência que gera nova vivência → e assim numa espiral contínua de recriação microscópica no território-matriz → esse movimento gera a eterna presentificação do território-matriz ou da ação física, pois a matriz dilui-se em sua porosidade, mas mantém sua macroscopia de precisão e de plasticidade.

Podemos chamar esse esquema de fluxo de diferenciação da matriz de *precisão afetiva*. Esta contém em seu conjunto relacional a precisão plástica da macroação da matriz, mas jamais pode se reduzir a ela. É justamente esse fluxo de *precisão afetiva* que lança a ação mecânica na sensação.

125

Dessa forma, por meio da composição de afetos, e não da ação consciente no espaço-tempo e da precisão de sua mecanicidade, ampliamos o conceito de "treinamento": um "treinar" pode estar inserido na ação de, por exemplo, sair às ruas e vivenciar experiências, observar os fluxos cotidianos, olhar as relações sociais a ponto de gerar um afeto, uma experiência e uma vivência intensiva. Um ensaio pode ser um estado de trabalho constante na busca de experiências e suas vivências e, é claro, o próprio estado cênico se configura como uma fonte constante de experimentação. O território do "treinar" é muito mais amplo que um espaço-tempo destinado à realização de exercícios mecânicos ou busca de precisão plástica. O "treinar" se configura muito mais como uma postura ética na relação com o corpo, com o espaço, com as relações sociais, com suas próprias singularidades. Um atuador deve estar em constante treinamento ou, em outras palavras: um performador deve estar na busca constante de fissurar seus limites de ação procurando uma potência possível de expressão, seja em uma sala de trabalho, seja no ensaio de um espetáculo, seja dentro do próprio espetáculo, seja em um happening ou uma performance. No espetáculo e na ação performática se treina, assim como no cotidiano pode-se encontrar estados cênicos. O importante é encontrar potências de experiências que produzem vivências e que em si mesmas mantêm sua força vital: experiência como forças motrizes que, lançadas como virtuais potentes na memória dos atuadores, serão sua fonte inesgotável de organicidade e vida em toda sua força de diferenciação.

O QUE SERIA DE NÓS SEM AS COISAS QUE NÃO EXISTEM E FUGA![1]

Está lindo, mas não está perfeito!

CHICO[2].

As Palavras dos Atores (Renato, Cris, Jesser e Raquel)

Um dos procedimentos de praxe da equipe de atores-
-pesquisadores do Lume é o confronto de seus resultados
e de sua metodologia com núcleos e grupos de pesquisa e
profissionais do Brasil e do exterior (expoentes das mais
importantes vertentes do teatro contemporâneo oriental
e ocidental), representantes de diferentes caminhos de se

1. Escrito com Ana Cristina Colla, Jesser de Souza, Raquel Scotti Hirson
e Norberto Presta.

2. Texto da personagem Chico, representada pelo ator Jesser de Souza
no espetáculo *O Que Seria de Nós Sem as Coisas Que Não Existem* (2006),
do Lume Teatro, ainda em repertório.

127

trabalhar o ator, todos com comprovada competência no que diz respeito ao rigor de suas pesquisas e à relevância de seus resultados. Assim, o convite à Norberto Presta para trabalharmos em um espetáculo conjunto veio do desejo potente de pesquisar nossas diferentes metodologias, principalmente no que se refere à questão sobre a organicidade na dramaturgia de ator.

Se atentarmos ao fato de que organicidade, segundo uma conceituação interna do Lume, é uma força virtual e real que mantém os elementos constituintes do trabalho do ator unidos, transbordando-os neles mesmos e tornando-os poéticos, e se pensamos a dramaturgia como uma diagonalização poética dos elementos do espetáculo e, mais especificamente, a dramaturgia de ator como a busca pela diagonalização não hierárquica dos elementos constituintes do espetáculo partindo de ações físicas e vocais codificadas do trabalho do ator, então podemos perceber que essa diagonalização de elementos pode ser conceituada como *organicidade do espetáculo*. Uma organicidade em segundo nível: primeiro a organicidade do trabalho do ator, depois essas "organicidades" relacionadas a uma grande organicidade do próprio espetáculo.

Esses elementos práticos e conceituais tiveram seu início de discussão e intercâmbio dentro do projeto chamado, primeiramente, de "Projeto Chapéu", que foi elaborado e desenvolvido entre quatro atores do Lume e o ator-diretor convidado Norberto Presta, que possui larga experiência na construção de espetáculos baseados na dramaturgia de ator. Dessa forma, acreditamos estar contribuindo de forma efetiva com procedimentos práticos e mesmo teóricos e conceituais de construção de espetáculos baseados no trabalho de ações físicas e vocais dos atores.

Como a dramaturgia de ator, da forma como a entendemos para esse projeto, é a busca de poetização espetacular baseada em ações físicas e vocais previamente codificadas do ator, um procedimento inicial para realização desse projeto fez-se muito importante: a coleta prévia e a codificação de ações físicas e vocais dos atores. Somente depois de realizar esse trabalho, essa organicidade de ator, é que poderemos pensar mais efetivamente na construção de um processo poético e refletir sobre a organicidade na construção de uma dramaturgia da cena. São inúmeras as maneiras de coletar uma ação de maneira orgânica, mas, nesse projeto, focamos o trabalho de mimese corpórea, que já vem sendo desenvolvido no Lume desde 1990. Assim sendo, tendo esses objetivos como meta, desenvolvemos as etapas de trabalho conforme a descrição a seguir.

Fase Preparatória

A fase preparatória do projeto, necessária para a chegada do diretor Norberto Presta, consistiu num primeiro contato com o universo da fábrica de chapéus Cury. Foram realizadas diversas visitas à fábrica, durante o expediente de trabalho, para observação do processo de confecção e contato direto com os funcionários atuais; entrevistas com o sr. Sérgio Cury, chapeleiro e proprietário, e visitas aos chapeleiros aposentados em busca de suas memórias. Como complemento e ampliação do tema, foram entrevistados usuários de chapéu frequentadores da região central da cidade de Campinas. O registro foi realizado com uma câmera de vídeo, um aparelho *mini-disc* e uma câmera fotográfica digital.

Antes mesmo da chegada do diretor Norberto Presta a Campinas, iniciamos nossa comunicação via e-mail, trocando sonhos, inspirações, mas, sobretudo, impressões sobre a fábrica e sobre os aposentados da fábrica que estávamos visitando.

Campinas, 25.3.04, primeira visita à fábrica – "Dia ensolarado em Campinas, céu azul, árvores ainda conservando seu verdume antes da chegada total do outono. Uma porta de ferro nos separa de um outro mundo. O enorme galpão ainda não é visualizado como um todo, mas casinhas de madeira sobre palafitas indicam a presença de escritórios e, à esquerda, bem reservado, o cantinho do mister Cury, seu Sérgio Zákia. A roupa parece herdada de seu pai no ano de 1920, quando a fábrica foi criada nos fundos de sua casa; calça marrom de tergal, camisa branca, chaveiro de corrente pendurado no cós da calça, chapéu na cabeça, redundância dizer mas, chapéu marrom na cabeça. O celular apoiado sobre a mesa nos traz aos dias de hoje..."[3]

Já visitamos três irmãs solteiras que vivem juntas, trabalharam na fábrica a vida toda e ainda hoje trabalham para a fábrica em casa. Visitamos dois casais que se conheceram lá dentro e trabalharam a vida toda lá; um deles há mais de trinta anos e o outro há mais de cinquenta (assistimos ao vídeo das bodas de ouro na casa deles!). Um senhor que trabalhou lá durante sessenta anos e que chora ao falar da esposa morta. Um senhor enorme, forte, 83 anos, que tem um Simca Chambord e que vai a todos os bailes de Campinas e Jundiaí e que a esposa fala baixo e alto na mesma frase. Estamos mergulhando... mergulhando. Ainda não achamos o foco, o tema, mas acredito que com tudo isso que está acontecendo ele logo aparecerá. Hoje iremos novamente para a fábrica...[4]

Até que começamos nossas conversas ao vivo, com a chegada de Norberto. Passamos por inúmeras ideias: a relação da pessoa com o chapéu, que procura o seu chapéu. Mas e o chapéu? Ele também procura a sua cabeça ideal. Chapéus que constroem personalidades, que contam histórias, que se adaptam ou não às suas pessoas. Chapéus que flutuam no espaço; um teatro que abarque e abrace outros eventos; teatro-instalação. A música, que é da fábrica, que é das pessoas, que talvez traduza uma época ou que simplesmente conte histórias de chapéus. Das imagens surgidas das conversas, partimos para o corpo.

3. Diário de trabalho de Raquel Scotti Hirson.
4. Diário de trabalho de Renato Ferracini.

Fase Inicial

Inicialmente traçamos em conjunto as diretrizes do trabalho, planejando os primeiros passos. Definimos como objetivo, para a criação das figuras do espetáculo, duas abordagens distintas:

Plano I – figuras construídas partindo da coleta de ações físicas durante o treinamento físico-vocal.
Plano II – aprofundamento nos princípios da mimese corpórea, corporificando as pessoas observadas na fase preparatória.

Dessa maneira, nos propomos como desafio colocar em cena tanto o observado (pessoas entrevistadas e seus relatos) como figuras ficcionais (construídas partindo do universo físico e imaginário de cada ator), estabelecendo um diálogo dinâmico entre esses dois planos distintos.

Treinamento Físico-Vocal

O treinamento teve como foco dois elementos básicos e seus desdobramentos:

◆ desequilíbrio, colocando o corpo em situações de risco real, alterando o eixo central e se deixando conduzir pelo espaço;

◆ desarticulação e fragmentação da coluna vertebral, como impulsionadora e condutora de ações e principalmente reações. Esse exercício leva uma hora para completar todo o corpo. É realizado com a base aberta e os joelhos eretos. O foco começa pela cabeça, passando pelo pescoço, peito, cintura, quadril, ombro direito, joelho esquerdo, ombro esquerdo, joelho direito, braço direito, perna direita (só aqui a base se desgruda do chão), braço esquerdo, perna esquerda; quando todas as partes forem acrescidas, o corpo pode dançar pelo espaço. A base é sempre ouvir os impulsos, variando as dinâmicas das ações até começar a dançá--las. Parte por parte vai sendo acrescida, sem deixar uma parte contaminar a outra e sem deixar nenhuma das partes adormecida. Explorar cada parte antes de mudar para outra.

Nos primeiros dias de trabalho, Norberto conduzia o exercício, ditando os tempos de mudança. No decorrer dos dias fazíamos o percurso individualmente.

O exercício se inicia caminhando pelo espaço, inspirando e expirando cada vez mais lento e profundo, soltando todo o ar. A imagem é de troca e renovação do ar, eliminando o ar estagnado, mantendo essa respiração profunda durante todo o desenvolvimento do exercício. Esse é o princípio para a busca da respiração total, sem reter a respiração em determinada parte do corpo, criando tensões desnecessárias que impediriam a circulação do fluxo de energia. O ar deve circular por todo o corpo independente das ações que estão sendo realizadas.

Esses elementos já faziam parte do treinamento dos atores do Lume, porém foram ressignificados sob a orientação de Norberto, que, partindo de um mergulho exaustivo em cada um desses elementos, nos conduziu a uma ponte direta entre o treinamento e a cena em si.

Norberto propôs, portanto, o desequilíbrio como nossa base corporal para começarmos a entrar em outros estados, ou seja, para começarmos a desconectar o "querer fazer" do "fazer"; para nos deixarmos ser penetrados pelos impulsos que o corpo nos dá e não pelas ideias e pensamentos que sempre querem falar mais alto. Desequilíbrio, giros, saltos, mudanças de dinâmicas e relação entre os atores utilizando essas dinâmicas, escutando, propondo e dialogando em ação. Esse acabou sendo nosso mote, nos dias subsequentes, para entrarmos em situação de trabalho e, então sim, buscarmos o corpo, ou os corpos, que permeariam nosso espetáculo.

As ações vocais surgiram dos elementos acima, explorando as distintas possibilidades de ritmos e sonoridades, seguindo a dinâmica da coluna vertebral. Sempre inspirando e expirando todo o ar. Primeiro, a manipulação dos sons era livre, e na medida em que o som se instalava de forma orgânica, articulávamos os textos do espetáculo conforme iam sendo construídos. Indo por essa via, a sonoridade do texto passava por distintos matizes que não teriam surgido pela via racional, dando um colorido especial às palavras. Partindo dessa musicalidade, algumas improvisações interessantes aconteceram, dando origem a cenas que foram transpostas diretamente para o espetáculo.

Diversas canções passaram a fazer parte do treinamento diário, já com o olhar voltado para uma possível transposição para a cena. A trilha sonora original foi composta pelo músico instrumentista Ivan Vilela, num processo de criação e composição que correu paralelo ao fechamento das cenas. As duas criações aconteceram interligadas, interferindo-se mutuamente.

Improvisações

As improvisações vieram como desdobramento natural do treinamento físico-vocal. Se, num primeiro momento, cada ator estava mergulhado em seu próprio universo de ações, após verificadas muitas possibilidades, o passo seguinte era a abertura do foco e, consequentemente, a relação com os demais atores. O foco inicial era preservado, a relação deveria manter a organicidade físico-psíquica com as ações partindo da coluna vertebral, só que agora em relação livre com as ações externas. A reação física ganha espaço construindo ações. As improvisações variavam entre a ausência de um tema específico e temas oriundos do universo pesquisado, que foram surgindo a partir de novas visitas à fábrica. Os temas variavam entre a transposição livre para o corpo das dinâmicas das máquinas da fábrica e situações relatadas durante as entrevistas, como o funeral dos chapeleiros, as festas comemorativas, os namoros e casamentos entre os funcionários, entre outros. Com o treinamento e as improvisações diárias, foram sendo armazenadas ações e reações que passaram a compor as figuras do espetáculo e a lógica de relação entre elas, bem como situações que gostaríamos que estivessem contidas no espetáculo. Improvisamos, portanto, com temas corpóreos algumas vezes bastante específicos.

Um desses temas foi o que podemos chamar de *corpo fábrica*. Individualmente buscamos dançar os elementos que mais chamaram a atenção de cada um na fábrica: máquinas, sons, cheiros, pessoas, o corpo sendo máquina, o corpo--operário, o corpo que é todo sensação da fábrica, do todo ao detalhe. E, novamente, a relação: o corpo-fábrica que se comunica com o outro corpo-fábrica e estabelece novas dinâmicas e novas ações a partir desse encontro, a ponto de não mais importar a fidelidade aos elementos da fábrica.

O *corpo-mimese* e o *corpo-personagem* começaram amalgamados. Em improvisações que se desenvolviam a partir desse corpo já em estado de trabalho, que descobriu ações do desequilíbrio e das ações da fábrica, Norberto passou a propor que certas histórias fossem contadas. Essas histórias foram surgindo das diversas histórias que havíamos escutado dos operários aposentados e surgiam entrelaçadas nas fantasias que cada um criou a partir delas e nas fantasias que cada um criou sobre o que é e foi a fábrica. O corpo e a voz, em princípio, mas também o texto, surgiam de um átimo de respiração, deste estado ligado e atento ao qual os trabalhos iniciais nos transportavam. Não era uma mimese, uma imitação, mas atualizações de figuras inspiradas naquelas conhecidas e posteriormente revistas em vídeo. Essas improvisações aconteciam em duplas.

E assim Norberto nos conheceu melhor, em ação, dançando e cantando o chapéu, que era até aquele momento nosso grande tema, amplo, ainda sem recorte. E partindo desse primeiro material corporal, além, é claro, de nossas conversas e de tudo que vimos na e sobre a fábrica, passamos a ver despontar o *diretor-dramaturgo*. O argumento inicial da história que iríamos contar foi elaborado por Norberto, assim como um primeiro esboço daquilo que seriam as quatro personagens dessa história. Nossas quatro personagens estariam em busca do "chapéu perfeito".

134

Dramaturgia

Como já indicado, a construção da dramaturgia esteve diretamente ligada aos elementos do treinamento físico-vocal e das improvisações, acrescidas do material coletado via mimese corpórea. Essa tem sido a principal contribuição do diretor Norberto Presta para o aprofundamento das pesquisas do Lume. Ele nos lança o desafio de construirmos uma dramaturgia que parte do ator, colando materiais de distintas origens. Tem como dupla função ser o observador atento, que lê e organiza o material sugerido pelos atores, e o de condutor do caminho, determinando com sugestões precisas para onde o processo será conduzido. De nossas improvisações surgiram danças coletivas que aos poucos se transformaram nas antigas festas de fim de ano da fábrica. As marchinhas de carnaval, as paqueras, a alegria do encontro com aquele colega que tem mãos habilidosas para fazer chapéus, mas também muita energia nos pés, alegria, gosto por uma bebida a mais. O espaço de trabalho que se transforma em salão de festas e leva os festeiros a um espaço de sonhos. Também nos encantaram os relatos dos funerais de chapeleiros, que eram divertidos, repletos de cachaça e pão com mortadela, além de serem realizados a pé. Os chapeleiros faziam todo o percurso, desde a casa do defunto até o cemitério, a pé. Esse percurso era a parte que nos interessava e acabou se transformando em uma improvisação, passando a fazer parte de nossa história, como um adendo, uma ilustração de uma memória excêntrica. Dessa forma, o texto dramatúrgico teve início já com as primeiras improvisações. Após a observação da relação entre os atores em cena, Norberto apresentou um texto guia para cada um, que teria a função de inspirar e dar referências para a construção das figuras, sem que com isso devêssemos nos fechar para novas possibilidades. Ver mais abaixo os textos apresentados nas palavras do próprio diretor.

Esses textos guias nortearam a construção das figuras. Cada ator elaborou um repertório de ações físicas e vocais, seguindo a lógica apresentada, sendo, posteriormente, colocadas em relação. É importante ressaltar que esse foi apenas o trilho inicial, pois prender-se a ele seria uma redução das possibilidades de ação e relação entre as figuras.

A dramaturgia desenhou-se durante as pesquisas, com textos sugeridos externamente, apresentados por Norberto, ou oriundos das improvisações dos atores, juntamente com os textos das pessoas entrevistadas.

Uma partitura cênica foi construída no decorrer dos dias, já acrescida dos elementos cênicos, como chapéus, cabideiros, estantes, bancos de madeira, entre outros, e uma primeira definição da espacialidade. A história se passa dentro da fábrica e no espaço imediatamente exterior à fábrica, espaço que pode também se transformar em um exterior mais amplo: as ruas de Campinas. Os elementos para compor a nossa fábrica foram recolhidos da própria fábrica Cury: cabideiros, estantes (padiolas), chapéus diversos. Nossa fábrica é pequena, existe em um espaço de 4x4 m, e os chapéus estão pendurados ou ocupando as estantes, de modo a termos a sensação de muitos chapéus e muitos operários, embora sejamos somente quatro.

Desequilíbrio, corpo-fábrica, corpo-mimese, corpo--personagem, corpo-canção, nosso espaço cênico e um diretor-dramaturgo instigando a criação e cuidando de costurar o material que despontava compuseram nossas ferramentas de trabalho. Cada uma das ferramentas foi trabalhada separadamente e, aos poucos, colocada em sequência. Assim, trabalhamos coletivamente as relações entre as personagens nas diversas situações criadas, da festa, do funeral, da fabricação do chapéu perfeito etc. Concomitantemente, cada ator tinha horários individuais para trabalhar as imitações dos aposentados observados e para criar a corporeidade de sua personagem e dela em relação ao espaço. A partir da observação desse processo, Norberto Presta trazia propostas de textos e cenas, sobre as quais improvisávamos. O texto de Norberto foi preenchido com textos nossos surgidos em improvisações e textos transcritos das gravações que fizemos dos aposentados e operários atuais da fábrica. Desse diálogo entre os atores, o diretor e os elementos que compunham nossa pesquisa nasceu nosso primeiro esboço de texto teatral, com algumas cenas já fixas e outras em processo de elaboração, e com cada ator possuindo um vasto material a ser desenvolvido individualmente e em conjunto.

Personagens-Corpo

Após termos desenhado o espetáculo em linhas gerais, uma inquietação nova nos guiou para uma nova fase: o aprofundamento nos elementos e cenas já trabalhados para que deixassem de ser esboços e adquirissem maior consistência. As figuras construídas a partir do texto guia de Norberto, que passamos a denominar "personagens-corpo", eram Pao, Dante, Chico e Rouca. Essas "personagens-corpo" já possuíam um desenho claro, mas eram demasiadamente bidimensionais, sem um desenvolvimento nítido dentro do espetáculo, como se fossem figuras planas sem algo que lhes conferisse autenticidade e singularidade potente. Como toda a dramaturgia foi construída a partir da relação entre as personagens-corpo, também nos deparamos nesse momento com uma dramaturgia por demais linear, com vazios não preenchidos.

Esse dado já fora percebido, mas nada podíamos fazer na fase inicial, quando ainda respondíamos às primeiras perguntas: quem são essas personagens-corpo, como se locomovem, quais ações fazem parte de seu repertório, como falam, o que falam, como se relacionam individualmente com cada uma das demais personagens-corpo, entre muitas outras perguntas. Importante ressaltar que todas as perguntas eram feitas em ação, e assim pretendíamos que elas fossem respondidas. As respostas deveriam surgir da própria relação, do próprio jogo estabelecido entre essas figuras e os demais elementos que faziam parte do espaço-fábrica. Em nenhum momento respondemos às questões racionalmente, escrevendo o caminho antes dele ser

137

proposto pelo jogo. Não é da lógica narrativa que estamos em busca, mas sim da organicidade das ações propostas enquanto produtora das ações narrativas que compõem o texto teatral.

Com a continuidade das improvisações, as personagens-corpo foram adquirindo novas colorações, na medida em que conflitos começaram a aparecer. As figuras diluíram-se em organicidade no decorrer dos dias, quebrando com a linearidade do primeiro momento. Dessa maneira, as improvisações passaram a ter uma consistência mais produtiva, o que fez com que Norberto transpusesse algumas delas diretamente para o corpo do espetáculo. Esse é um passo difícil para os atores, pois na recriação e retomada da improvisação para a cena, pode-se perder o frescor, ou seja, seu fluxo de diferenciação, sua precisão afetiva. Ao delimitar a plasticidade de uma cena, a precisão afetiva pode dar lugar, inicialmente, a uma mera precisão mecânica. Essa percepção tem um certo gosto amargo, frustrante, como se tivéssemos nos equivocado ao elegê-la. Mas com a continuidade e as inúmeras repetições em busca de recriação e diferenciação do fluxo, e na busca das micropercepções, a coloração retorna, acrescida de novas nuances.

Esse é um ponto fundamental, a repetição sem essa busca de fissuras microscópicas por "entre" a precisão plástica da ação e da cena leva à estagnação e à sua esclerose. Se o ator apenas repetir as ações que elegeu e que considera, digamos, "interessantes" e bonitas, fechando os "ouvidos", ou seja, sua micropercepção para o momento presente, a cena perde sua potência de sensação. O ator deve habitar o tempo presente e mais complexo, deve presentificar o tempo presente em fluxo, o que em outras palavras quer dizer: nunca repetir uma ação ou cena, mas sempre recriá--la, diferenciá-la em sua dimensão de micropercepção. Muito mais importante que a mera repetição precisa das ações é liberar todos os canais corpóreos para que as reações e afetos sejam sempre presentificados e diretamente ligados aos impulsos do momento.

Norberto, como espectador-guia atento, sempre nos conduz a seguirmos nossos impulsos, no sentido de desligarmos o pensamento lógico e nos colocarmos em posição de reagir. Mais importante que agir é *ouvir, ser afetado*. Para que sejamos capazes de ouvir e reagir sem bloquear o impulso primeiro, a regra é não se "ausentar" nenhum minuto da cena, porque cada pequena variação na ação de um ator interfere na reação do outro. Os fios são todos interligados, numa reação em cadeia. Um ator sugere o impulso inicial que vai ecoando nos demais, até uma próxima ação quebrar o ritmo e reiniciar a cadeia de ações, seguindo agora numa nova direção.

Dessa maneira, a personagem-corpo realmente se constrói no decorrer do processo e dá vida à dramaturgia cênica e textual. Sua gênese, sua história, não segue uma lógica pré-estabelecida, mas ganha novas direções a qualquer momento de acordo com a ação desencadeada. Durante o processo de construção é impossível enrijecer e cristalizar a figura ou a cena construída; ela possui um fluxo contínuo que deve ser respeitado. Depois de provadas diferentes possibilidades, elegemos os elementos que irão compor o espetáculo experimentado com a presença do público.

É bastante cansativo fisicamente para os atores, já que trabalhamos todo o tempo com um novo estado de percepção, abertos não somente para uma percepção consciente, mas principalmente para uma experimentação constante do tempo-espaço presente, que podemos chamar de experiência inconsciente. A manutenção desse estado exige um esvaziar de projeções e intencionalidades. Nada pode ser pré-concebido ou cristalizado num tempo que não seja o presente.

> Quando a ação flui é como se todos fôssemos "tomados" por um novo estado de consciência, onde o importante é o fluxo energético que ele gera e que nos interliga e menos as ações executadas.[5]

---

5. Diário de trabalho de Ana Cristina Colla, 25 abr. 2005.

O Tempo da Memória

Na primeira fase dos trabalhos, optamos por costurar as pessoas mimetizadas ao corpo do espetáculo tais como as observamos, gerando, dessa maneira, dois planos de ação: o tempo presente, onde se desenrola o conflito vivido pelas quatro personagens-corpo em busca da construção do chapéu perfeito, e o tempo memória, partindo do material coletado via mimese corpórea, sendo basicamente composto por fragmentos de memórias dos aposentados, de diferentes épocas de suas vidas. Tínhamos assim um tempo fragmentado e um corpo também fragmentado, já que circulávamos pela corporeidade das personagens-corpo (tempo presente) e do corpo-mimese (tempo passado). Como circular por esses tempos sem deixar o público incomodado, dificultando a compreensão do todo? Não era nosso desejo conduzir o público a um racionalismo em busca do fluxo narrativo. Queríamos construir experiências temporais público-ator sem perder essa relação pelo caminho.

Essas inquietações eram discutidas por toda a equipe de trabalho, seja pelos atores e a direção, seja pelo cenógrafo, pela figurinista ou pelo músico convidado para compor a trilha original. Todos nós fazíamos perguntas: em que tempo se passa esse espetáculo? Os adereços cênicos devem ser modernos? A fábrica está situada em que época? Os figurinos serão datados em qual década? A trilha musical remete a que tempo?

Partindo de aspectos discutidos por todos, a atriz Ana Cristina Colla sintetizou alguns elementos que podem nos ajudar a entender as eleições posteriores:

Como encontrar no "projeto chapéu" os tempos que circulam uma vida quando relembramos seus fatos com gosto de memória? A memória não possui uma linearidade; como nos sonhos, é composta de imagens de cor intensa e outras mais suaves e esfumaçadas.

Nos depoimentos dos aposentados, os fatos vividos na fábrica emergem revestidos de um encantamento de

sonhos, ao descrever os amigos, as relações entre patrão-
-empregado, as longas horas de dedicação. O tempo da
memória elege, selecionando acontecimentos que valem
a pena serem revividos.

Penso que o espetáculo se passa todo no tempo
da memória, não no passado ou presente como pen-
sávamos, mas sim no tempo onde reina a memória
viva, mesclando passado-futuro, alegros e adágios. Um
tempo circular e fluido.

Quais fatos queremos salvar?

Creio que esses fatos já foram eleitos na primeira
fase do trabalho, me parece que o fio que os interliga é
o elemento ausente.

O afloramento do passado se combina com o processo corporal e presente da percepção, interfere no
fluxo atual das representações. Como dançar esses
processos, essa percepção no presente das personagens revestidas do afloramento do passado coletado
na *mímesis* dos aposentados? Será que a dança de
ambas deveria estar mais interligada? Talvez o fio que
as separa seja mais tênue. Acho que Pao é o elemento
que dança ligando o fio da memória. Será que a percepção de Pao não é a nossa, quando fomos em busca dos
depoimentos, de casa em casa, ouvindo, assimilando,
selecionando, aprendendo?

Chico, Dante, Rouca, três seres de percepções semelhantes de um mesmo tempo. Cada um com um ângulo
no olhar que interfere nas imagens, mas um fio comum
os interliga claramente. Por que estão juntos? Por que
marcaram esse encontro? Só os três poderiam compartilhar esse momento, porque dividem a mesma memória. Porque no espaço escuro, num espaço tão conhecido,
entre restos de lembranças, fuçam cantinhos de memórias vividas, talvez impossíveis de serem compartilhadas
com outras pessoas. E esse encontro é a busca de uma
ação perdida. Eles não se contentam com a memória
contemplativa, que distrai e aquece, não, eles se juntam

para irem em busca da memória ação, da execução de um novo objetivo, inalcançável, por isso eleito, porque assim nunca chegariam a um fim, sempre teriam um novo passo a dar, um novo experimento a fazer, que os mantém vivos. No momento em que a obra for construída, o sentido acaba. Não há mais para o que viver. Daí a experimentação sempre presente, alimentando o fluxo da vida, hoje frágil, esvaindo pelos dedos, mantendo-se em pé apoiada nas lembranças. Essas sim fazem sentido, alicerçando o motivo do encontro.

É cíclico o encontro nessa noite, mais uma noite, sob o pretexto do chapéu perfeito, que sempre foi o que os uniu externamente, mas o fio interno, da vida transcorrida lado a lado, esse é o tesouro. São pessoas que não possuem memórias possíveis de serem compartilhadas com seus contemporâneos, esses vivem num tempo veloz, estranho. Daí marcam esse encontro noturno, clandestino, como se precisassem marcar hora, longe de olhos externos, para reconectar o de dentro.

E essa dança entre o dentro e o fora, o sonho e o real, a memória do passado e a ação do presente, deve estar presente em nossos corpos. Será que podemos chegar a um único corpo, com uma dança e gestualidades precisas, em que esses tempos possam circular? Não mais mudar o corpo a cada memória, mas dançar o mesmo corpo nos diferentes tempos, do alegro ao adágio?

Intuir o tempo e não defini-lo. A divisibilidade é uma característica, uma necessidade da percepção utilitária.

A memória é um trabalho sobre o tempo vivido e o tempo não flui uniformemente. Por isso tudo acho que o espetáculo não se passa no tempo da memória linear. O encontro na fábrica é parte da memória dos três (Rouca, Dante e Chico) – acrescida de uma quarta personagem ouvinte que vai perpetuar essa memória (Pao) – sendo, ao mesmo tempo, memória individual

142

e memória compartilhada. Como unir essas memórias sem que elas sejam estanques como estão?

Considerando todos esses pontos, partimos em busca da dialética do conflito entre a personagem-corpo e o corpo-mimese. Cada ator trilhou um caminho particular, pincelando ações e construindo uma dança que produzisse unidade a ambos os corpos sem que cada um perdesse sua singularidade. A personagem-corpo passou a ser a base corporal na qual as memórias foram sobrepostas.

Mas faz-se importante colocar aqui as palavras do outro lado. As palavras do diretor. Portanto, a partir de agora deixo ao leitor as palavras de Norberto Presta sobre o mesmo processo acima descrito pelas palavras dos atores.

As Palavras do Diretor (Norberto Presta)

O que seria de nós...

Uma fábrica de chapéus parece ser um anacronismo, assim como o teatro parece ser também, ao menos alguns tipos de chapéus, como algum tipo de teatro, perdem sua razão de ser, porque existem aqueles que usam chapéus anacrônicos, assim como aqueles que fazem/frequentam espetáculos anacrônicos.

Será que seria anacrônico usar chapéu?

Será que seria anacrônico fazer um tipo de teatro para não fazer espetáculo?

Será que seria anacrônico querer transformar a realidade?

Será que seria possível que um teatro de pesquisa seja um teatro popular?

O que seria de nós sem as coisas que não existem?

O que seria de nós sem as fugas?

Tanto faz se não temos resposta, o interessante é a ação que as perguntas provocam.

1 – *O Que Seria de Nós Sem as Coisas Que Não Existem*

143

Vamos fazer um espetáculo que fala de uma fábrica de chapéus, ou melhor, das pessoas que trabalharam nesta fábrica, alguns já não vivem mais, são memória. Vamos recuperar a memória de uma fábrica de chapéus para fazer uma fábula teatral. Isso é possível, pelo menos sabemos de onde começamos, pode ser que descubramos por onde ir.

2 – *Fuga!*

Vamos trabalhar entre a dança e o teatro, vamos ler *Amor Líquido*, de Zygmunt Bauman, vamos olhar fotografias, não vamos interpretar nem dançar, vai ser uma performance. Nós não sabemos muito bem de onde começar. Começamos talvez a partir de nós, de nossos corpos que são linhas de fuga, ou que pretendem ser, na realidade nós somos uma necessidade de fuga, talvez nem sequer isso.

O que seria de nós sem as coisas que não existem? Corpos em fuga? Pesquisa de um teatro que dança, de uma dramaturgia que soma. Não, não soma, não é nem isso nem aquilo, é isso e aquilo, é um espaço entre isso e aquilo.

Tantas perguntas e nem sequer é algo novo, é mimese com uma história, é uma performance que não invade espaços, que não quebra linguagem, simplesmente os põe a dialogar.

O que seria de nós sem as fugas que existem?

Primeira Tarefa:
O Que Seria de Nós Sem as Coisas Que Não Existem

Em princípio era uma fábrica
Cristina, Raquel, Jesser, Renato se movem no espaço, não têm um texto nem um espaço definido e eu os estou conhecendo. Eles me convidaram para fazer um espetáculo sobre uma fábrica de chapéus. Não será a primeira vez que eu não sei o que vou fazer, nem eles sabem, nós não sabemos, mas temos confiança mútua, sabemos que temos questões similares e não temos respostas. Não sei se queremos criar um espetáculo para responder a essas

perguntas, somos tão apaixonados por nossas perguntas que talvez não queiramos que algumas respostas as banalizem. Então, nós estamos nesse espaço vazio, na sala de trabalho do Lume. Presume-se que começamos a ensaiar. Ensaiar o quê? Os corpos desses atores dançam, as vozes cantam, o espaço é preenchido com imagens que reverberam na minha memória, que aguçam intuições. Este é um teatro que não se ensaia, se experimenta. Mas o que estamos experimentando? As memórias dos aposentados, das máquinas e dos processos de construção de chapéus, o vapor e a pelugem no ar não são ainda visíveis.

Mas, vamos mais devagar, ainda não estamos para ensaiar, estamos para descobrir. Por enquanto são apenas os corpos, os quatro corpos dançantes e meu corpo onde reverberam as memórias, as minhas memórias e as dos outros que não conheço. Eu vejo o que eles dançam, imagino os corpos ausentes. Aparecem os nomes: Chico – Pao – Dante – Rouca (ver 16.11.2004 – Provocação 1, infra). Não sei por que, eu o sabia quando esses nomes apareceram, esqueci-me quando meus atores os ocuparam dando-lhes novas identidades. Não dá para saber que ecos acordaram esses nomes neles, não estamos ensaiando, estamos pesquisando, estamos criando. O que estamos criando? Se fosse apenas criar um espetáculo não seríamos tão preocupados com tantas coisas que nos distraem do objetivo. Falamos da dramaturgia do ator, esta é uma pesquisa sobre a dramaturgia do ator. Temos, portanto, uma grande quantidade de perguntas, mas sabemos o que estamos fazendo, estamos pesquisando a dramaturgia do ator. Sabemos pouco de fábricas de chapéus, estamos aprendendo visitando os aposentados, filmando seus rostos, gravando suas vozes, suas memórias, exercitando algumas mimeses. Aprendemos metaforicamente a fabricar chapéus. Jesser e eu estamos indo para Campinas, procurando em lojas de ferramentas culinárias improváveis objetos que podem ajudar a criar teatralmente um chapéu. Jesser, que é tão generosamente paciente, começa a ficar nervoso com este diretor que não sabe o que quer. Paciência. Encontramos alguns objetos e é Jesser quem mais se diverte com eles, brincando de chapeleiro. Começamos a descobrir ações.

Calma! Mais devagar. As ações viriam mais tarde, ainda estavam apenas os corpos criando imagens, memórias, estava a dramaturgia do ator. O que se pesquisava já estava lá, bastava apenas escutar, perceber os quatro corpos fabulando perguntas. Eles – os atores – me pediram respostas, eu queria que continuassem dançando, porque as perguntas dos corpos eram muito mais interessantes que as minhas respostas.

Vamos devagar, já temos quatro nomes: Chico, Pao, Dante, Rouca. Temos também um espaço. Uma fábrica é enorme. Mas o espaço em que os ocupantes de uma fábrica agem é pequeno, não tem muito espaço para se deslocar entre tantas máquinas, entre tantos chapéus pendurados e tantas pessoas que se movem. Vamos dançar num espaço ao máximo de cinco metros por cinco metros. Temos nomes e temos espaço. Talvez eles – os atores – não se sintam muito confiantes porque parecem não saber que já têm a dramaturgia do espetáculo no corpo. Então? Devagar. Não estamos aqui para pesquisar sobre a dramaturgia do ator? Eles – os atores – até já escreveram livros sobre isso, agora é só criar um espetáculo, e temos tempo para isso. É tão estimulante ver os corpos atuarem-dançarem a cada manhã.

Mas, está bem, vamos lá! Eu estou aqui para dar algumas respostas. Proponho: E se os quatro estão lá para criar o chapéu perfeito? "Finalmente!" – Os atores relaxam. – "Fazer isso?" "Sim!" "Pode ser interessante." Para mim toda proposta é apenas um ponto de partida, raramente quero fazer isso, mas saber o que acontece fazendo isso. Eles entram na fábrica à noite e se reúnem uma vez por ano. São cada vez menos, antes outros também vinham para a fábrica secretamente para tentar a perfeição, para continuar sendo, não só memória, mas ação. Viver é fazer, criar. Quanto mais utópica seja a criação, mais se perpetua a vida. Agora são apenas três, três mais um. Foi necessário acrescentar um aprendiz: Pao. Pao tem talento, mesmo que não pareça, tem talento sim. "Pao foi que fez", "Foi?", "Foi." "Três mais um." Não só temos os nomes, o espaço, também temos relações. A dramaturgia do ator começa a se contaminar com outras, gradualmente aparecem os objetos, os conflitos, os sentidos e o espaço tomam forma. O espaço é uma metáfora, um poema onde os corpos dançam as vontades de serem as memórias daqueles que não estão, dos seres reais que conhecemos na fábrica e que tomam outras formas nos seres reais que são os meus quatro amigos criadores. Agora sim! Podemos agora finalmente começar a ensaiar. Eu suponho que essa experiência parecerá um espetáculo, pode ser até interessante para o público quando se torne teatro.

Maio de 2008

16.11.2004 –
Provocação 1: "Os Nomes"

Chico: Apesar de ser um aposentado ainda mora na fábrica, ele diz que já falou com o empregador e o empregador nada sabe. De qualquer jeito ele mora ali, entre as lembranças e a utopia. Foi Chico que organizou a "noite". É obcecado e tendo vivido sempre fazendo chapéus, hoje que está aposentado não se resigna de não ter feito o "chapéu perfeito". Com a ajuda de seus amigos e colegas de turma, e aproveitando as ambições de Pao, pretende realizar a utopia: o seu sonho. Um sonhador que Rouca considera um "fraco", apesar de ele não ter nunca abandonado a ideia… nem a fábrica.

Pao: Ela ou ele (não se sabe) um característico jovem de hoje. Toda a sua família trabalhava na fábrica e ele/ela, que sonhava com outro destino, tem que se conformar com um ofício que não ama, mas que precisa fazer bem, "não importa compreender, importa fazer". Pao foi quem ajudou Chico na preparação da "noite", foi também a sua ponte com o mundo exterior. Chico não sai da fábrica há anos e Pao foi o seu correio com os outros velhos. Não entende o que é o chapéu perfeito, mas quer a "fórmula". Pensa que com ela pode mudar o seu destino e para isso precisa de toda a sua força, não se pode distrair com "as velhas ideias dos velhos". Rouca: É uma mulher com as calças bem colocadas. Foi ela (diz) quem convenceu o patrão para que as mulheres pudessem usar calças na fábrica. Tão bem vestiu as calças que se tornou a primeira mulher capataz da fábrica. Sua voz é áspera e rouca, mas quando é necessário gritar pode ficar tão elevada que abrange o ruído das máquinas. Ela gosta do trabalho bem feito e, como Chico, acredita que "as ideias estão para serem feitas e utopia é um termo inventado por algum medíocre". Talvez seja a única coisa em que coincide com Chico.

Dante: Tem muita saudade de seus companheiros mortos, não alcança os dedos para contá-los; no entanto, sobram para contar os colegas vivos. Por isso decidiu juntar-se à "loucura". Isso do "chapéu perfeito" para ele é uma desculpa para estar com aqueles: "os que ficaram" e, de algum modo, "com aqueles que foram". Ele fala mais com aqueles que foram do que com os que ficaram. Desconfia de Pao, "não é dos nossos, nem dos vivos nem dos outros". Desconfia de tudo o que é jovem. Respeita Chico e tem um pouco de temor por Rouca.

30.11.2004 –
Provocação 2: "A Situação"

É noite e na fábrica Chico e Pao estão à espera da chegada de Rouca e Dante.

Rouca e Dante entre as sombras da fábrica aproximam-se do ponto de encontro.

Reconhecendo que poucos são os sobreviventes capazes de construir o chapéu perfeito, Chico finalmente decide convocar seus antigos camaradas Rouca e Dante para executarem a tarefa. Foi também necessário somar alguém jovem para que a grande tradição dos construtores de personalidades não se perca: Chico decidiu convidar Pao como assistente/aprendiz e também para passar os segredos de uma alquimia destinada a desaparecer. Pessoa esquisita Pao, mas não havia outra disposta a trabalhar horas extraordinárias não pagas.

É noite e na fábrica escura que deveria estar em repouso Chico e Pao preparam "os condimentos", enquanto aguardam a chegada dos antigos camaradas, que também deveriam estar em repouso, mas não querem perder a grande possibilidade... do encontro? ...da tarefa? ...ou... pela saudade? ...pelo desafio ou pela concorrência? ...ou pela realização do ideal? Ou...?

Quase não haverá tempo para as saudações, nem quaisquer formalidades nesta noite que termina com o som da sirene, deixando como resultado uma utopia em utopia ou a ópera em perfeita forma de um chapéu.

O trabalho terá a forma de uma invocação. Reverberam os ecos de um tempo que passou, ainda presentes nos muitos chapéus que ocupam a fábrica: os novos, que ainda têm uma personalidade para descobrir, e também os já usados, aqueles que foram dos que não estão mais e ainda conservam as personalidades vividas. Entre os chapéus, velhos artesãos do pelo de coelho, juntos com o jovem aspirante a dominar os segredos da profissão, cansados de tantos chapéus imperfeitos, esperam construir um para a personalidade ideal, para alguém capaz de levar na sua cabeça o resultado das fadigas de uma vida dedicada "à tarefa".

Sabe-se que não é tarefa fácil, que poucas pessoas hoje usam chapéu, a maioria prefere outros vestuários que dão individualidade sem usar a cabeça.

O Próximo Texto Foi Escrito Pouco
Depois da Estreia...

O relato deste espetáculo, que parte de uma fábrica de chapéus e as histórias dos aposentados que trabalharam nela, se transformou em uma fabulação da realidade. A sua escritura não foi literária, as histórias dos aposentados dispararam situações que geraram ações, danças, musicalidades e imagens que se foram entrelaçando para desenvolver a dramaturgia que conduziu à criação da fábula teatral.

A fábrica e seus habitantes se transformaram, através das ações dos atores, num espaço poético, em uma metáfora que nos levou do mundo real a um mundo ficcional, uma metáfora que conta uma história imaginada para revelar alguns mistérios do comportamento humano.

A dramaturgia não quis, neste trabalho, limitar-se somente ao relato dos eventos, quis "reescrever" a realidade iluminando as forças invisíveis que a movem.

Reflexões Após a Estreia

Encontro de necessidades

Às vezes os diretores estão à procura de atores com os quais compartilhar as suas necessidades criativas. Não é fácil, porque as necessidades criativas são, felizmente, muito variadas. Felizmente, existem também atores que precisam de um diretor com quem partilhar suas obsessões. No encontro com o Lume eles viram, no Via Rosse, algo que precisavam e nós, neles, algo que nos faltava. Eles estavam interessados em nossa forma de trabalhar a dramaturgia e, para nós, eles eram os atores-bailarinos para desenvolver esse trabalho dramatúrgico.

Em muitas performances, junto ao nome do diretor consta: direção e dramaturgia. Trata-se de uma fórmula utilizada frequentemente. No programa de *O Que Seria de Nós Sem as Coisas Que Não Existem* está escrito:

Criação e Direção: Norberto Presta
Criação e Atuação: Ana Cristina Colla, Jesse de Souza, Raquel Scotti Hirson e Renato Ferracini

Não usamos a palavra dramaturgia, mas entende-se que criação detém esse conceito. Penso que essa é uma formulação que expressa adequadamente o nosso processo de criação. O trabalho com o Lume teve uma dialética entre a dramaturgia do ator e a dramaturgia do diretor como processo de criação.

Com códigos distintos e com uma definida convenção das figuras, a criação a partir da dramaturgia do ator é uma tradição que a *Commedia dell'Arte* já praticava. Com o passar dos anos foi quase completamente esquecida até meados do século XX, para reaparecer com força como um conceito a ser reatualizado. Não sei se eu fui muito distraído, mas quando comecei a fazer teatro, isso faz mais de 35 anos, esse conceito foi pouco nomeado e ainda menos praticado. Na realidade é um conceito que precisa amadurecer para ser um ponto de encontro claro e eficaz. A esse respeito, o encontro com o Lume é muito importante para mim.

Permitam-me fazer um pouco de história, a fim de compreender melhor por que esse encontro é tão importante para mim.

Do "teatro artesanal"...

No teatro tradicional as funções do autor, do diretor e dos atores estão claramente delimitadas: atores são treinados para reproduzir as ideias do diretor, que, por sua vez, é formado para pôr um texto em cena. Uma forma quase artesanal de trabalho, o teatro é como uma profissão que responde a uma tradição, com as suas regras, com as suas formas de interação, com os seus comportamentos precisos, uma estética e uma ética que respondem a uma forma de produzir para um determinado mercado.

Embora eu fosse "formado" no teatro de grupo, durante anos trabalhei passando de um modo de produzir teatro para outro, em cidades diferentes, alterando completamente parceiros, com atores que conhecia no primeiro dia de ensaio e que, na maioria dos casos, no dia após a estreia não voltaria a encontrar.

Trabalhar seis ou sete semanas para produzir um espetáculo em tais condições não apresenta um problema, se conhecemos e respeitamos as regras. É claro que você pode mudar alguma qualidade, mas é necessário ficar dentro de certas diretrizes. Certamente eu não posso pretender do ator competências nas quais ele não foi formado. Posso acrescentar algum elemento ou deixar de lado alguma das suas rotinas de trabalho, mas mudar sua cultura não está dentro das possibilidades. Além disso, existem poucos atores que estão dispostos a colocar em crise sua arte. De minha parte, aprendi a aceitar as qualidades que esses atores adquiriram em sua formação e explorá-las de modo a fazer um bom espetáculo. Já essa se mostra uma tarefa bastante complicada.

Entre outras qualidades, esses atores são treinados para responder minuciosamente às indicações do diretor. Em geral também conseguem improvisar verbalmente e com grande coerência psicológica as situações propostas, mas com grande dificuldade para a criação de comportamentos não cotidianos. Conseguem reproduzir brilhantemente uma coreografia proposta, mas improvisar fisicamente e criar suas próprias "partituras físicas" não é uma das qualidades em que são formados. Eles são treinados para dançar, cantar e interpretar, mas em geral não praticam o conceito "dramaturgia do ator".

Por muitos anos eu trabalhava e ainda esporadicamente trabalho nesse tipo de teatro. Uma das coisas que gosto nessas ocasiões é explorar a miríade de comportamentos psicológicos possíveis de se transformarem em comportamentos físicos.

Um teatro que chamo de artesanal, não de forma negativa, mas simplesmente por ser criado mais a partir do ofício do ator do que da procura de uma linguagem pessoal. Inspira-se e limita-se em uma tradição consolidada e, de algum modo, universalizada fundamentalmente através dos ensinamentos de Stanislávski e seu método psicofísico.

Precisamente porque se trata de uma tradição forte, não é difícil encontrar atores formados de acordo com esse modo de produção teatral, podendo também responder com o seu ofício às necessidades do cinema ou da televisão. Mas muitos estão desempregados, dependem de instituições: do autor, do diretor, do mercado. Normalmente não têm autonomia; "dramaturgia do ator" e "autonomia do ator" são expressões que raramente utilizam, pois não estão em sua formação, sua cultura. Pelo menos em sua cultura prática.

... Ao "Teatro de Grupo"

Não vou julgar negativamente um método de trabalho para defender outro modo de fazer. Como diretor e ator me divido há anos nesses dois mundos teatrais. Sim, há contradições. Não se trata de uma questão ideológica, é um problema prático, que como quase todo problema se transforma em solução, pelo menos em experiência.

Não vejo o teatro como uma ideologia, assim como não estou interessado em pertencer a uma ou outra tendência teatral. No teatro, como na vida, nos confrontamos com situações que nos levam de um lado para outro, na dialética entre os nossos desejos e as nossas capacidades.

Por exemplo, se tivesse tido perto da minha casa um clube de futebol, talvez hoje fosse um atleta. Certamente quando adolescente teria gostado mais de ser um ídolo de multidão que um ator de teatro experimental, simplesmente pelo fato de que, na minha adolescência, eu sabia da existência de ídolos de multidão, mas da existência de teatro experimental não tinha ideia. Felizmente não tenho capacidades esportivas e hoje estou feliz por ter descoberto quase acidentalmente essa profissão de teatro.

No início foram casuais os elementos da minha formação. Em algum momento eu tive curiosidade pelo teatro e encontrei um grupo que me deu alguma base e, em seguida, passei por uma escola que me deu formação. Entretanto surgiram alguns desejos, alguns gostos e algumas condições naturais que definiam, quase sem me aperceber, minha personalidade de ator – e não apenas ator. Não foi uma escolha ideológica eu querer fazer um teatro mais físico do que, digamos, literário. Simplesmente gostava mais de dançar que de ler.

Parti de uma formação psicofísica para passar para outra físico-psíquica. Parti de um teatro artesanal para ir a um teatro de pesquisa e de grupo.

Tento manter todas essas experiências, porque eu sou as minhas experiências e sei que posso crescer com elas só se encontrar com quem compartilhá-las.

Psicofísico ou físico-psíquico

Experimentei as duas tradições nas quais se apoia toda formação teatral. Duas técnicas de trabalho que oferecem ao ator as ferramentas para estar no palco: a psicofísica e a físico-psíquica. Essas duas tradições procuram levar à cena um ator organicamente presente, mas requerem treinamentos diferentes e aparentemente contraditórios. Acredito que elas possam se complementar e procuro um treinamento que combine essas duas culturas.

Dois métodos de formação e criação do ator com exercícios que pertencem a uma ou outra modalidade de trabalho. É difícil encontrar um exercício que englobe essas duas metodologias, que embora sejam complementares respondem a tradições distintas, quero dizer, disciplinas que durante décadas deram respostas a necessidades e sensibilidades expressivas diversas, que representam maneiras radicalmente opostas de ver o teatro e, por conseguinte, de conceber a arte e a vida em geral.

Hoje uma nova síntese, através de um processo dialético entre esses dois modos de conceber nosso trabalho, pode nos ajudar a realizar um teatro que abranja modos de pensar e sensibilidades mais complexos, mais completos na sua visão e apresentação da realidade, tanto na sua aparência como na sua essência, um processo mais abrangente de pensar e fazer o teatro.

Foucault argumentou que se passava de um período para o outro da história mudando o objeto e o modo de pensar. Nos anos de 1990, após a queda do Muro de Berlim, muito se falava de pós-modernismo. Estávamos vivendo uma mudança de período histórico. Parecia que era necessário começar a pensar em outras coisas e de outro modo. Parecia que era possível liberar finalmente algumas energias que a guerra fria tinha "congelado", que finalmente era possível pensar em novas formas de conceber a história. Um autor até anunciou o fim da história.

O dia 11 de setembro de 2001 deu uma violenta pancada nesse processo, e hoje caminhamos novamente com a mente "congelada" e o corpo cheio de medo. Parece que só temos força e fantasia para consumir tudo o que pudermos antes do golpe final. Não nos atrevemos a pensar e concebemos o nosso corpo como se fosse uma coisa alheia, um objeto que precisa ser protegido, mimado, superalimentado, modelado, perfumado, como algo que está além de nós[6].

De qualquer maneira, parece que estamos deixando o modernismo, e o que está certamente mudando é o modo como estamos nos relacionando, não só com os outros, mas também com nós mesmos. Nossos pensamentos e nossos corpos ainda não são conscientes, não reagem. Se pudéssemos de algum modo tomar parte ativa, consciente da mudança, um bom ponto de partida seria justamente a relação corpo-mente. Nesse processo o teatro é um espaço importante de laboratório, com história, ele sabe dessa relação e suas mudanças.

No trabalho teatral tentamos produzir um diálogo pensamento-corpo. Sabemos que a um corpo bloqueado corresponde um pensamento bloqueado e vice-versa. Treinamos para permitir uma relação que libere as energias do corpo e da mente e restabeleça, assim, uma unidade, uma organicidade, ou seja, harmonizar corpo, mente/pensamento e emoções como parte do treinamento do ator. Colocar o pensamento em movimento e deixar o corpo pensar, que o pensamento passe pelo corpo e que o corpo mova o pensamento. A mente que dança e o corpo que pensa? Por que não? Não é subverter as funções naturais

---

6. Tenho que esclarecer que estou escrevendo em Nuremberg – Alemanha, em um café de onde vejo caminhar as pessoas pela rua.

de nosso corpo, mas estabelecer – ou restaurar – uma relação entre a mente e o corpo que a nossa cultura por milênios tenta dividir.

Parece que eu me perdi, parece que estou falando de uma receita para nos manter saudáveis e felizes e não de teatro. Talvez, mas vamos voltar ao teatro.

A arte do teatro é a arte do ator?

Nessa relação orgânica corpo-mente encontra-se a possibilidade da ação dançada, que é a base da dramaturgia do ator, no sentido de que é a partir da ação que o ator cria sua dramaturgia. Seu corpo, e a criação das ações físicas que partem dos impulsos provocados por suas próprias "opiniões – necessidades", é o que fez recuperar no ator sua autonomia, permitindo que a arte do teatro volte uma vez mais a ser a arte do ator.

Mas...

Como ator, gosto do conceito que diz que a arte do teatro é a arte do ator; como diretor, isso me provoca ciúme, e como autor, me sinto excluído. Já que desejo atuar, dirigir e escrever, tenho que refletir sobre esse conceito. Há alguns anos eu não o colocava em discussão, hoje sim. Há alguns anos era necessário pôr o ator no centro da cena, fazer reconquistar o seu protagonismo após ter sido instrumento por séculos, primeiro do autor, em seguida do diretor, e muitas vezes dele mesmo. Hoje, pelo menos em certa cultura do teatro, isso parece estar superado, e bem superado, porque não é o ator "capo cômico" que se reapropria da criação no teatro, mas o ator na dimensão do grupo que nós encontramos como protagonista da criação teatral.

Hoje o problema é o de estabelecer uma nova relação entre o ator e o diretor, entre as dramaturgias do diretor e do ator que recuperou a sua autonomia criativa[7]. Essa

7. Na realidade o problema é mais complexo, são mais disciplinas que envolvem a questão da criação teatral. Neste escrito prefiro concentrar-me na relação dramatúrgica diretor-ator, que foi o ponto de partida do meu trabalho com o Lume.

autonomia, essa independência que recuperou o ator pode gerar solidão, narcisismo, impotência. Assim como os diretores na sua criação solitária, narcisista e impotente, pondo em cena textos e/ou atores, acabando por colocarem a si próprios na cena, se repetindo indefinidamente na sua "criação". Alguns são grandes e podem dar-se ao luxo, outros precisam de diálogo, de dialética. Atores e diretores que compartilhem necessidades.

O objetivo é estabelecer uma dialética entre as dramaturgias do diretor e do ator, pelo menos entre atores e diretores que cresceram juntos nessa busca de colocar o ator em condições de autonomia criativa e que possam compartilhar uma linguagem, linguagem que, suponho, precisa transcender. Para que isso aconteça, para que a linguagem transcenda, atores e diretores têm que partilhar suas necessidades, suas experiências, seus problemas.

Como diretor, necessito encontrar atores com os quais eu possa coincidir e praticar certo tipo de direção e, claro, também há atores que precisam encontrar diretores com os quais possam compartilhar a própria experiência e, consequentemente, praticar certo tipo de atuação. Dentro de um grupo isso não é difícil, mas os grupos não são eternos e, em geral, os indivíduos sobrevivem aos grupos. O que acontece com aqueles indivíduos? Ou é melhor perguntar: O que acontece com essas experiências? É importante a experiência do teatro de grupo só na dimensão do grupo ou é possível uma transcendência?

Há algum tempo que, como diretor, eu não estou interessado só em colocar em cena textos, nem colocar em cena atores. Meu trabalho dramatúrgico como diretor é o de criar o espaço para desenvolver a dança das ações em que se desenha o espetáculo.

Mas não é fácil encontrar atores em condições de criar as suas ações físicas, atores autônomos, com um tipo específico de treinamento, de cultura cênica. Atores que tenham elaborado um treinamento para arquitetar uma personalidade cênica, uma maneira de ser não cotidiana, ao mesmo tempo formal e orgânica. Com um treinamento que os liberte do banal, do superficial[8], que ajude a acessar uma presença teatral, ou seja, uma conduta física, mental e vocal "organicamente extracotidiana".

Acho que o leitor pode entender melhor por que é tão importante para mim o encontro com o Lume.

Ilhas desertas

Não é novidade que as pessoas criem grupos para fazer teatro, há séculos vem acontecendo na maior parte do mundo, mas o conceito "teatro de grupo" é outra coisa, é um conceito de trabalho, de formação e produção, um modo de vida.

Quando em 1971 eu comecei a fazer teatro, fiz isso com um grupo de teatro "artesanal"; botávamos em cena textos, e quando não eram criações coletivas, mesmo assim havia um método de teatro "artesanal". Éramos um grupo, mas pouco tínhamos a ver com o "teatro de grupo".

Pelo menos no meu caso, tive que fazer uma mudança radical e passar por mais de uma crise para entender a diferença. Só quando passei de um treinamento psicofísico para um físico-psíquico, e quando como grupo começamos a pesquisar a nossa linguagem teatral, quando começaram a ser mais claros os conceitos "dramaturgia do diretor" primeiro e "dramaturgia do ator" depois, só após um longo processo de transformação entendi a ideia de grupo como alguma coisa além de uma parceria para produzir espetáculos.

Nas últimas décadas muitos fomos os que passamos por essa experiência, foram criados inúmeros grupos em muitas partes do mundo, provenientes de diferentes culturas e histórias diferentes. O que tinha a ver o teatro alemão com o teatro boliviano, o argentino com o polaco, o italiano com o mexicano, o brasileiro com o dinamarquês?

8. "Um corpo sem treinamento é como um instrumento musical desafinado, onde a caixa de ressonância está cheia de um cacarejo confuso e desagradável de sons inúteis que impedem de escutar a autêntica melodia. Quando o instrumento do ator, o seu corpo, se afina mediante exercícios, as tensões e costumes perniciosos desaparecem" (P. Brook, *A Porta Aberta*, p. 31).

158

Mas em todos esses países com histórias tão diversas nasceram grupos que criaram um modo particular de fazer teatro, com algumas regras em comum. Não se trata de história, ainda está acontecendo, talvez com menos força, mas acho que com mais originalidade.

Sabe-se que para produzir um espetáculo é necessário coincidir com determinados princípios, mover-se dentro de certas "crenças" mais ou menos precisas; essa questão aparentemente trivial é agravada quando o teatro que se quer praticar está fora dos cânones de produção tradicionais ou artesanais.

De uma forma ou de outra morreram mestres, diretores, atores, muitos grupos não existem mais e outros nasceram. Ficaram uma experiência, muitos indivíduos e um modo de fazer teatro que foi desenvolvido com o "teatro de grupo". Uma experiência que deixou uma cultura, algumas regras, alguns padrões e muitos órfãos: atores órfãos dos diretores, diretores órfãos dos atores.

Não só por causa disso, mas por razões diversas o teatro de grupo foi perdendo sua força.

Vivendo muito tempo em uma ilha pode acontecer que, apesar de se estar acompanhado, a solidão crie angústias várias, rotinas por falta de estímulos e a necessidade de iniciar outra viagem. As ilhas podem ficar desertas e, embora isso não seja trágico, triste seria ficar vazio de bagagem ou com as malas cheias apenas com lembranças.

Acho que se é necessária uma razão de ser para o teatro seria a mesma necessidade de ser da própria vida: a de transcender e de ficar lúcido. Não tenho dúvidas existenciais como "de onde viemos?", "para onde vamos?", "porque estamos aqui?"; acredito que estamos neste mundo apenas para viver e que viver é transcender. O teatro, como qualquer outra atividade, serve para nos ajudar a transcender. É por isso que o mesmo teatro tem a sua razão de ser na sua transcendência. Trágico não é que as ilhas fiquem desertas, dramático é que essa experiência de vida e arte não se estenda para além dela mesma.

Não me sinto um náufrago com uma mala cheia de seixos e de corais, nem um órfão, e nem estou à procura de crianças. Tenho também o meu grupo, Via Rosse[9], nele procuramos desenvolver nossa própria linguagem. Interessa-me continuar entendendo e entendendo-me nessa profissão de fazer teatro. Estou vendo novos problemas e a necessidade de uma contaminação mais ampla na história vivida até agora.

O "teatro de grupo" não é uma fórmula em si mesmo, faz parte de uma história. Uma história que, sob certos aspectos, corre o risco de se tornar um anacronismo. Onde é que vamos encontrar oportunidades para partilhar e desenvolver novos conhecimentos? Quais são as chances de encontro? Perguntas que penso que sejam compartilhadas por outros diretores e outros atores. Não é fácil se encontrar, não só porque somos poucos, mas também porque devido a ser uma prática de pesquisa mais que de ofício, tem conceitos fortes, mas pouco compartilhados, alguns poucos codificados e muitos pouco claros. Também é difícil compartilhar os conhecimentos, pela relativa novidade dessa cultura "físico-psíquica", recuperada e valorizada nas últimas décadas, e que por ser nova carece de algumas certezas que permitam um espaço de trabalho criativo mais vasto.

Claro que cada problema contém uma solução, e que cada solução é uma possibilidade de transcendência. No encontro com o Lume apareceu para mim uma nova situação que pode oferecer novos problemas.

O encontro "Lume – Via Rosse": uma pequena crônica

Conhecemos o Lume participando do festival Itajaí 2002. Assistimos *Café com Queijo* e eles *Juana. Papisa*. Sabine e Eleonora[10] também participaram da oficina de voz dada por Carlos Simioni.

9. Este texto foi escrito em 2007, agora moro no Rio de Janeiro. Via Rosse continua sob a direção de Sabine Uitz.
10. Sabine Uitz e Eleonora Bovo, integrantes do grupo Via Rosse.

Foi um encontro artístico e humano que tinha que ter consequências, pelo menos para nós não era comum encontrarmos com um grupo em que vimos tantas afinidades. A história tinha que continuar.

Em novembro de 2003 foi o segundo encontro, no festival "Tem Cena na Vila", em Barão Geraldo, onde Via Rosse apresentou três de seus espetáculos visitando o Lume na sua casa. Para Sabine, Eleonora e eu foi um estímulo que ampliou ainda mais a vontade de continuar a nos encontrar. Gianluca Barbadori, de "Ponte tra cultura", nos ajudou para que isso acontecesse organizando a presença de Cristina, Jesser e Raquel em Polverigi – Itália, em fevereiro de 2004. Lá Via Rosse, junto com Gianluca e outros atores, que ele tinha convidado, trabalhamos cinco dias treinando. Normalmente quando as pessoas de teatro se reúnem transmitem as suas experiências falando ou fazendo seminários, raramente conseguem fazer como os músicos, que sem se conhecerem e antes mesmo de dizerem uma palavra conseguem fazer música.

Nesses cinco dias fizemos como os músicos e "brincamos" em conjunto. A cada dia um grupo assumiu a direção do trabalho, treinando, improvisando e produzindo "momentos cênicos". Tínhamos princípios de trabalho que permitiam estar na sala como se tivéssemos uma história em comum. Na verdade, temos uma história juntos.

Alguns meses mais tarde me chegou um e-mail em que o Lume me convidava para trabalhar com eles, investigando a dramaturgia do ator. Para isso eles propuseram o "Projeto Chapéu".

Dizer que eu estava feliz é pouco.

O Que Seria de Nós Sem as Coisas Que Não Existem.

Como primeiro resultado desse encontro nasceu esse espetáculo. Não vou escrever sobre ele, é muito jovem para o julgamento. Sinto-o mais como um ponto de partida para a reflexão. Penso que o trabalho com o Lume permitiu fechar alguns problemas e abrir outros, isso é o que se pretendia. Transcender problemas significa criar novos.

161

Vou pôr de lado a reflexão sobre a emoção na cena, o espaço e/ou a encenação, sobre a convivência de teatro experimental e de teatro popular, convivência que acho nesse espetáculo bem-sucedida. Também vou deixar para outra ocasião os aspectos mais "interdisciplinares" na criação teatral, por exemplo, de como recuperar o autor, ou o trabalho com o músico, com a música ou com o ator/músico. Prefiro concentrar-me em alguns aspectos teóricos que me inspiraram essa pesquisa e sua consequente produção; certamente vou precisar de tempo, e espero ter a possibilidade de novos encontros, para continuar resolvendo problemas e criar novos.

Para terminar, gostaria de partilhar convosco algumas reflexões sobre três aspectos desse trabalho: dramaturgia, comportamento físico e estado de consciência.

Dramaturgia

Criação e Direção: Norberto Presta. Criação e Atuação: Ana Cristina Colla, Jesser de Souza, Raquel Scotti Hirson e Renato Ferracini.

Creio que agora podemos entender melhor porque escrevi no início que essa forma de apresentar o espetáculo é muito mais que uma formalidade, sintetiza claramente um desejo, uma necessidade. Os trabalhos de investigação e a realização do espetáculo tiveram como ponto de partida a dramaturgia do ator.

Penso que, independentemente dos aspectos técnicos, a base da dramaturgia parte de uma opinião. Gosto de considerar a dramaturgia do ator não só como um problema técnico e/ou formal, mas também como o modo artístico/ético em que as opiniões, necessidades e experiências humanas são transmitidas. Criar a partir do princípio de que a dramaturgia do ator é a sua opinião acerca de coisas que vive e enfrenta, a possibilidade de transmitir sua própria experiência de vida não como uma exibição de vaidade, mas como um espaço de comunicações.

O espetáculo de um grupo é encontro de opiniões, que em forma de ação acontece no espaço transformando-se num encontro de ações. Não se trata de pensar em alguma coisa e encontrar uma forma pra comunicá-la; trata-se de descobrir em ação as ações físicas que redescobrem, por sua vez, a opinião, o que penso, o que sou.

No trabalho com o Lume temos procurado uma dialética entre os impulsos que os atores criavam com as suas ações e o sentido que aparecia no desenvolvimento do espetáculo. O diretor-dramaturgo deverá permitir que os significados apareçam de forma coerente, e uma boa dramaturgia é a que permite que apareça o relato físico sem sacrificar a metáfora que o ator produz em sua sequência de ações físicas.

Assim como a poesia é palavra preenchida de significado, o teatro é ação preenchida de sentidos. O ator-dramaturgo cria ações preenchidas de sentidos. Não me refiro à significação intelectual, que naturalmente não causa dano. Refiro-me aos significados poéticos, àquelas metáforas que sugerem ações/imagens para reforçar certos valores da vida, certos comportamentos humanos. Um espetáculo, como qualquer obra artística, é um pequeno mundo em si mesmo que reinventa, com e em liberdade, um aspecto do mundo que o envolve.

Em *O Que Seria de Nós Sem as Coisas Que Não Existem* partimos de uma concreta fábrica de chapéus e de pessoas concretas, mas não trabalhamos para reproduzir essa fábrica ou essas pessoas, mas para reinventar a partir de uma realidade uma metáfora, como um eco que se transforma em uma voz com uma identidade própria. Uma voz que fala sobre um modo de produzir, uma forma de se relacionar, um modo de vida, um eco que tem o seu próprio timbre, a sua própria emoção.

A dramaturgia dos atores foi a criação de um corpo – voz – emoção que desenvolveu ações físicas concretas. A dramaturgia do diretor foi a de permitir que estas ações encontrassem o seu espaço para que se reatualizassem nos corpos – vozes – emoções de quem as geravam (atores e/ou memórias), para desse modo transformarem "a vida" em novas ações físicas. Essa dialética foi criando uma série

163

de momentos/cenas que nos orientavam na construção da história.

Comportamentos físicos

O que se pretende desenvolver na criação de um corpo – voz – opinião?

O que usamos para elaborar a criação de um corpo – voz – opinião?

É essencial na nossa tarefa o confronto pessoal com o "caráter-figura" que estamos criando, descobrindo as situações conflituosas nas quais se move e desenhando o seu percurso nas ações físicas que lhe permitam "ser". Esse confronto pessoal é aquilo que aproxima o nosso trabalho da arte: encontrar uma forma para uma preocupação, para uma obsessão que leva a compreender sem julgar os seres humanos que estamos criando a partir das humanidades que nos perturbam.

Desde o início ficou claro que *Café com Queijo* seria o ponto de partida para alcançar "alguma outra coisa". Fomos tentando evitar fórmulas e truques, sabendo que em cada elaboração se cria um caminho possível de se somar ao já feito. E isso fizemos: juntar experiências que tinham pontos em comum para procurar uma nova síntese.

Um dos métodos que utilizamos para a criação dos comportamentos físicos, partindo de matrizes, foi a "mimese corpórea". A partir da observação do comportamento cotidiano dos aposentados da fábrica Cury nasceram as primeiras ações físicas e vocais, a base do que seria o comportamento físico – ou, como lhe chamou Cristina, a personagem/corpo.

A isso se soma o trabalho com a coluna vertebral. Chamamos-lhe "desarticulação". Uma maneira de provocar, a partir da espinha dorsal, um diálogo entre os hemisférios direito e esquerdo e assim despertar memórias físicas, e daí comportamentos físicos. Para que em cena seja atingido "o corpo que pensa" usamos a desarticulação, que reforça a atividade do hemisfério direito do nosso cérebro.

Nosso cérebro é separado em dois hemisférios que atendem funções diferentes: o hemisfério esquerdo cumpre funções essencialmente verbais, analíticas, lógicas, racionais, e o direito trabalha melhor o não verbal, o espaço, a intuição, o não racional.

No cotidiano a valorização do hemisfério esquerdo é evidente: desde a educação das crianças na escola tudo se concentra no exercício das capacidades desse hemisfério. Sentados nos bancos das escolas aprendemos a ser lógicos e racionais. Fora um pouco de atividade esportiva, o hemisfério direito é abandonado à sua sorte sem maiores possibilidades de desenvolvimento. Não fora pelas disciplinas artísticas, não haveria nenhuma chance de atualizar suas capacidades.

Achei coincidências notáveis entre a mimese corpórea a partir da observação de fotografias e as pesquisas das memórias físicas no trabalho com a coluna vertebral. A partir da observação de uma foto a mimese corpórea se torna ação física. Na desarticulação os impulsos que se acordam na coluna produzem memórias físicas que geram ações. Ambos os exercícios produzem a partir de uma posição/memória/impulso, uma presença física, uma matriz, que gera uma ação física. Fotografias e vértebras produzem posições/memórias que encarnam impulsos, impulsos que se transformam em ações. Alguns impulsos chegam por observar/ouvir o exterior, outros por observar/ouvir o interior.

Os dois métodos de trabalho se complementaram, resultando na criação dos comportamentos físicos, ou físico-psíquicos, de Chico, Pao, Dante e Rouca.

Estado de consciência

Os comportamentos físicos foram criando momentos cênicos. Cada "momento cênico" tinha que ser um "evento" para acontecer "aqui e agora", e o que acontecia tinha que acontecer fisicamente. Interessa-nos um teatro como evento que acontece no corpo. Nós não estamos interessados em mostrar a ação, mas que ela aconteça no espaço, "sendo" nela. O conceito de "ser na ação" tem a ver com a ideia de

Grotowski quando propõe que ação e impulso acontecem no mesmo instante, que ação e impulso são a mesma coisa. Nós não mostramos a ação, nós somos a ação.

Para isso temos que ouvir e responder fisicamente aos impulsos provocados em relação aos três níveis de concentração, em si mesmo, no outro e no espaço e/ou público, que se combinam de acordo com as necessidades. Stanislávski já falava desses três níveis de relação, que para mim foram e são importantes tanto na formação como na criação do espetáculo. A ocupação em ficar ligado nessas relações provoca um modo de estar em cena, um estado de atenção-tensão, um estado de consciência, de consciência física no aqui e agora.

Em que me concentro quando estou na cena? No que faço com as mãos? Em lembrar o texto? O que vou comer depois? Pode ser. Eu prefiro concentrar-me fisicamente em responder ao que está acontecendo, responder aos estímulos que estou/estão se produzindo em mim, no outro e no espaço. Estímulos que, embora possam ser codificados são sempre diferentes, e ouvir essa diferença ativa nossa concentração cênica, uma concentração física, produzindo um estado de consciência física, extracotidiana.

É o corpo que responde nesse estado de consciência alterado, e como o corpo contém memórias, estamos confiantes em que a sequência de ações físicas elaborada formalmente se transforme, sem perder a sua formalidade, numa partitura orgânica. Tentando criar assim uma "formalidade orgânica".

Alemanha, maio de 2006

Segunda Tarefa:
Fuga!

Depois foi como em um aquário

É como estar num aquário, todo esse líquido que nos envolve, porcimaporbaixoportráspelosladospelafrenteportodaparte nos envolve e nos permite ir para todas as direções e não nos leva a parte alguma, sempre terminamos numa parede de vidro que nos separa do mundo, através da qual podemos observar os outros, o mundo dos outros. Outros aquários?

"Olá, tudo bem?"

Não é possível tocar-se. Uma comunicação de gestos.

Do outro lado do vidro, outro aquário.

Qual a possibilidade de fuga?

Talvez não exista fuga, nem desejo de fugir...

De qualquer jeito não se está mal, alguns peixinhos coloridos nadam comigo, são meus contemporâneos. Devo somente mover-me em sincronia, tentando manter certa cordialidade.

Fuga!? Quem precisa de uma Fuga!?

Os espetáculos não são necessários. As fugas sim.

Por isso o chamamos de evento. Evento necessário?

Necessário ao menos para quem está deste lado do vidro.

Transforma-se em espetáculo somente por uma necessidade compartilhada, a necessidade de compartilhar a Fuga!

Fuga! é um evento que trabalha entre o espaço do performer e do público, deixando que cada um ocupe seu espaço, mas buscando ocupar junto esse espaço intermediário, que ao invés de separar une.

Fuga! é o intento de comunicação sem a pretensão de comunicar.

Abril de 2008, no Sesc Paulista, São Paulo, esperando a apresentação de *Fuga!*

Provocação 1: Começam os Ensaios

Presenças sensíveis em ação

Antes de começar os ensaios tivemos três encontros.

No primeiro, concentramo-nos no movimento. A partir da coluna vertebral disparamos os impulsos que liberaram movimentos, que num segundo momento codificamos e com os quais criamos uma sequência.

167

No segundo encontro, concentramo-nos na voz; a voz no corpo e no espaço, até chegar à improvisação individual e grupal da voz falada e cantada.

No último encontro incorporamos a ação física, criando uma sequência a partir da qual improvisamos individualmente e em grupo.

Movimento – voz – ação física foram os pontos de partida que me permitiram gerar um primeiro nível de relação com o grupo, livre de qualquer "preocupação" por uma construção/criação do espetáculo.

Durante o terceiro encontro, depois da apresentação de um exercício, produto de um bolsão/intensivo com o Renato, intuí uma primeira ideia do que poderia ser o novo espetáculo.

Paralelamente a esses encontros, e com a possibilidade de observar alguns elementos trabalhados pelo grupo nos bolsões/intensivos preparatórios com Renato e Jussara, apareceram princípios, sejam de dança ou de teatro, que não obstante foram levados à prática de modos distintos, provocavam um espaço de interesse em comum, de comum curiosidade.

Nesses encontros não era primordial a ideia da criação do espetáculo; muito mais interessante era o espaço de interesses e curiosidades em comum, que pouco a pouco geraram as necessidades que foram a base do processo criativo. Não partimos de uma ideia/conceito, partimos do encontro de individualidades, de presenças no espaço, de corpos que se movem, que transitam entre a dança e o teatro. Corpos treinados nessas duas disciplinas geram uma linguagem em comum, uma linguagem que, como toda linguagem, nasce para comunicar.

Não nos preocupamos em descobrir uma ideia de espetáculo para usar a linguagem que está aparecendo, creio que seria um erro, que perderíamos uma possibilidade. Esses corpos-presenças contêm a ideia, são a ideia – a tarefa é escutá-los com atenção, descobrindo a linguagem que vão criando, as ideias que vão comunicando. São corpos com opiniões.

168

Cada vez é mais claro que o espaço de criação são os corpos dos atores/bailarinos, suas memórias físicas, as vivências produzidas na tarefa do autoconhecimento, na tarefa de potencializar os desenvolvimentos possíveis contidos no corpo-linguagem.

Desse modo, a mesma busca sobre a linguagem pode produzir as ideias que construam um primeiro nível de dramaturgia física.

Não é a busca de uma linguagem técnica, sabemos que é inevitável o desenvolvimento de uma técnica, mas a técnica não nos interessa na medida em que constrói presenças, mas na medida em que as revela, libera e transforma. É o ator/bailarino que com suas ações cria o momento cênico, a partir de contaminações, das possibilidades que as presenças físicas abrem nesse espaço entre a dança e o teatro. A partir de suas ações eles criam a sua própria dramaturgia.

Interessa-me um ator/bailarino que desenvolve uma técnica que não usa para se proteger, pelo contrário, é uma ferramenta para manifestar-se, revelar-se. Essas revelações são o material do futuro espetáculo. O indivíduo, a sua personalidade, sua presença cênica, suas opiniões, são materiais, a ideia em forma de ação física. Se a ação física é a dramaturgia do ator/bailarino, e sendo essa a dramaturgia que iremos indagar para criar o espetáculo, teremos que ser muito cuidadosos em descobrir as ações. De onde partem? Quais serão as ações válidas que não irão trair a proposta?

Seguramente, não serão as ações que ilustram uma ideia, que sirvam para representar um texto. *A priori* não temos nenhuma ideia, nem conceito de espetáculo, nem texto. Temos somente alguns princípios, certo modo de atuar, de dançar, de atuar dançando, que queremos superar, transcender; a necessidade de despertar uma qualidade de movimento pessoal, encontrar o ponto no qual o movimento se transforma em ação, ação que provoca consequências no indivíduo que as realiza, transformando-o, produzindo as memórias físicas numa sequência de ações-posições que revelam presenças sensíveis.

169

Ser um ruído na harmonia

Não se atua nem se dança. No espaço entre o teatro e a dança não se dança nem se atua, é um espaço onde as disciplinas se diluem, se transformam, desaparecem para dar lugar, no corpo/sistema nervoso, a uma presença sensível em ação.

Não vai ser fácil pensar em criar um espetáculo sem pensar no espetáculo. Sinto, como diretor, o mesmo que deve sentir um ator que não se propõe a atuar. A arte de não atuar do ator, a arte de não dançar do bailarino, a arte de não dirigir do diretor.

A ausência de um autor, o texto que não pré-existe.

O espaço também não existe como espaço teatral, como cenografia, é "o espaço" da não representação, pré-existe ao evento, existe antes e depois, "é" – independentemente das presenças que o transformam em espaço-evento quando é ocupado por um ruído na harmônica do lugar – ressignificado pelas presenças, apesar de ser ocupado por um ator que não atua, por uma bailarina que não dança.

O espaço é sem cenografia.

O ator é sem atuar.

O bailarino é sem dançar.

A proposta é ser, sem a situação de representação.

Ser o ruído na harmonia, uma linha de fuga.

Isso pode parecer uma contradição, uma absurda presunção teórica/intelectual, na realidade é a expressão de um processo histórico, que se soma a uma prática teatral ou, ao menos, à busca de uma prática que já existe. Simplesmente tentamos somar-nos, tomar consciência prática de um modo de ser/fazer na dança e no teatro, na evolução atual, na linha de fuga atual.

Usamos conceitos velhos para comunicar o novo que ainda não se cristalizou como realidade. Digo conceitos velhos, não conceitos mortos, e não digo velhos de um modo pejorativo; simplesmente são antigos, velhos produtos de uma história, nesse caso conceitos produzidos numa tradição teatral ao interno de uma cultura.

Teatro – dança – atuar – dançar. Como redefinir os conceitos? Seguramente ativam em nós imagens antigas, em muitos casos antigas/atuais, já que o antigo é presente no modo de fazer teatro e de dançar hoje. Continua-se produzindo com as ideias que se usavam há um século e também com as que nasceram nos últimos cem anos para superá-las.

Stanislávski respondendo ao naturalismo romântico, Meierhold respondendo a Stanislávski, Grotowski incorporando os dois. O dadaísmo e todos os ismos do século xx rompendo, criando modos performativos que contaminaram distintas formas de arte. São buscas que nasceram como linhas de fuga para romper, recriar, responder àqueles modos de fazer que até então eram atuais e que hoje, em parte, permanecem como tradições, uma atualidade antiga às vezes válida artisticamente, às vezes expressões artesanais de um ofício que na repetição banaliza sua razão de ser.

Dizia que nos somamos à experiência antiga e atual de participar desse processo de evolução artística – e não somente artística –, criando de nosso modo uma linha de fuga. Uma humilde presunção de sugerir o próprio corpo como objeto de investigação dentro do processo criativo. Não é a investigação de uma técnica para transformar o corpo num instrumento, é investigar no corpo – e não só no corpo –, que já tem uma técnica de dança ou de teatro, a possibilidade de gerar presenças, puras presenças.

Sistema nervoso dilatado

A dilatação – movimento molecular – dessa presença sensível em ação envolve o espaço e os corpos que o ocupam.

Esses corpos, com seus sistemas nervosos dilatados, produzem algo como o que acontece numa lona de circo, quando o trapezista salta no vazio, só que usamos outro tipo de sensibilidade, menos espetacular, de menor efeito, mas tentando essa vibração, esse intercâmbio molecular. Em nosso caso, propomos o vazio como o infinito espaço de humanidades que habitam nossos corpos.

Isso de "ser ruído na harmonia", como propõe o Eduardo Albergaria, é um ruído que produz ressonâncias, ecos.

Para isso é preciso escutar as ressonâncias, produzi--las e escutá-las.

Para entendê-las talvez tenhamos que pensar no exercício da voz que fizemos no segundo encontro. A percepção da voz que vibra no próprio corpo, a vibração que surge do corpo redescobrindo e abrindo zonas, abrindo espaços internos onde aparecem diferenciadas sonoridades que contêm presenças, presenças sonoras que vibram com as presenças de outros corpos que, tocando-se à distância, geram um ambiente acústico num espaço dilatado, transformando os corpos em vibrações-presenciais dilatadas. Trabalhamos textos tentando descobrir sensivelmente como a palavra-som toca nosso próprio corpo, o corpo dos outros, o corpo-espaço, e que qualidades provoca em nosso sistema nervoso.

Será possível "ocupar-dilatar" o espaço também com nossas presenças físicas? Uma emissão de moléculas que produzam um ambiente físico sensível, fisicamente sensível?

Reconhecer a presença das vibrações acústicas não é difícil, algo mais difícil é perceber fisicamente a "emissão molecular" das presenças corporais. Para isso, é necessário um tipo de sensibilidade que, desenvolvida, possibilite um modo de percepção, um modo de conhecimento físico que possa ser uma contribuição da arte para uma possível evolução humana. Fazer ressonar o corpo no espaço e ao mesmo tempo fazer ressonar o espaço no corpo. Podemos trabalhar para desenvolver as possibilidades de transformação do corpo em seu modo de perceber a realidade, um modo mais completo de conhecimento, de entender a realidade, não somente racionalmente, mas para aprender, no sentido de prender, de capturar a realidade também fisicamente. Um modo de conhecimento que nos permite incorporar fisicamente a realidade, através de um corpo consciente. Possibilidade de conhecimento que a arte oferece, um conhecimento que não está fora do corpo, um conhecimento que incorpora a realidade também em suas variantes sensíveis. Não é pouca coisa. É uma possibilidade de desenvolvimento da qualidade humana.

Uma percepção física a partir do corpo, que escuta, relacionando-se, interagindo com o próprio corpo, com os corpos dos outros, com o espaço, criando um movimento molecular, um espaço nômade onde os corpos são linhas de fuga. Esses três níveis de relação: com o próprio corpo, com o corpo do outro e com o espaço, interagindo entre si provocam cenários físicos, modificando o espaço, os outros corpos e as presenças individuais.

Quando se investiga o corpo com o corpo, se corre o risco de criar um movimento racionalizado, ou seja, um movimento que não produz ecos, não produz consequência, sem memória física. Corre-se o risco de criar uma presença racionalizada, não sensível, sem ecos humanos, com um movimento que não toca o sistema nervoso, que deixa a nossa personalidade fora da cena. Cada sistema nervoso tem um modo de ser ativado; creio que isso define muito nossa personalidade, nosso caráter.

Meu sistema nervoso é altamente sensível a alguns sons, por exemplo, é facilmente irritado com os latidos de um cão, notem: outras pessoas podem ignorar esse som, que para mim provoca uma forte transformação de meu estado de ânimo. Os sistemas nervosos assimilam ou provocam os impulsos/estímulos, informações, de modo diferente, provocando consequências diferentes em nossa sensibilidade.

Tenho a sensação de que muitas vezes se pensa na sensibilidade como algo espiritual, como algo que está fora do nosso corpo. A sensibilidade está alojada nas fibras de nosso sistema nervoso.

Quando escuto o latido de um cão, percebo no meu corpo certa violência, que meu cérebro em sua qualidade racional me ajuda a controlar. Posso nesse caso perceber com clareza como o nível de sensibilidade e o racional interagem.

Imagino nossas presenças cênicas como um intercâmbio de impulsos entre o nível sensível e o racional, que provocam uma percepção, um estado de consciência física. Uma percepção física sensível.

Setembro de 2007

Provocação 2: Quase um Exercício

A NATUREZA DO TEMPO E A HISTÓRIA PESSOAL

Podemos combinar esses dois elementos.
Acelerando o tempo posso convocar o velho em mim.
Desacelerando posso convocar o menino que fui.
Parar o tempo é deixar aparecer o meu eu atual.
Etapas possíveis num corpo modificado por um fluxo artificial de tempo: acelerado, parado, desacelerado. Um tempo molecular?
Reorganização molecular de um corpo modificado por um tempo virtual.

A NATUREZA DO TEMPO

Podemos materializar
o tempo no corpo e no espaço?

Qual é a substância do tempo
e como se pode modificar?

Como posso perceber
a substância do tempo
e como pode transformar-me?

Parar o tempo – deixar-me
levar pelo tempo – dialogar
com o tempo.

HISTÓRIA PESSOAL

A pessoa que foi. A pessoa
que serei. Essa ou essas pessoas
como pessoas imaginadas/
criadas/recriadas podem ser
o objeto de mimeses.

Mimeses de pessoas recordadas
ou imaginadas. Desenhar o velho
que será. Recordar o menino que
fui. Histórias de infância e suas
consequências hoje. Ativar
o velho que serei. Possíveis etapas
da velhice. Desejos e temores.

Que consequências deixa o tempo em nós
e como trabalhar com o tempo?
Com o tempo no corpo.

Algumas árvores, quando são cortadas transversalmente, deixam à mostra uma superfície de círculos concêntricos que revelam sua idade, se vê o passar do tempo no tronco-corpo da planta. As estações vão deixando uma memória em forma de anéis que nos falam de invernos mais ou menos longos, de verões mais ou menos quentes, revelam quando a árvore sofreu mais ou quando cresceu melhor. Esses anéis são a história da árvore e, investigando com maior profundidade, revelam também suas vivências, essas marcas particulares que produzem nós, gerando uma concentração de matéria que modifica os círculos sucessivos. A memória no corpo da árvore.

No corpo humano, seguramente é melhor não fazer um corte transversal para descobrir sua história, temos outros modos menos violentos. Os atores, assim como os bailarinos, têm seus modos para indagar nas suas memórias físicas, para transformar as próprias vivências em formas artísticas que revelam o comportamento humano, formas que geram um modo de conhecer, de compreender melhor a conduta dos outros e a própria; ocupação essencial da atividade artística. O teatro como modo de estudo do comportamento humano na situação da representação.

Trabalharemos sobre o tempo em suas três direções: passado, presente e futuro, liberando através da ação os comportamentos impressos no corpo e as suas possíveis transformações.

Para isso, temos que projetar nossa ação no futuro, observando nossas condutas no tempo virtual que potencialmente já existe em nós. Nesse jogo de deixar transitar o corpo no tempo – e, portanto, também o tempo no corpo –, recriamos no teatro a possibilidade de um exercício de vida, não de representar, mas de produzir história.

Tenho a sorte de trabalhar com pessoas mais jovens, compartilhando o mesmo período histórico, mas que têm outro modo de agir, percebendo a realidade de forma diferente. Essa diferença é uma possibilidade de conhecimento, de compreensão, de criação, uma possibilidade de transformação, de teatro. Interessam-me suas opiniões e as histórias que as modelaram, as vivências individuais e coletivas alojadas neles.

Colegas que são uma, duas ou três gerações mais jovens que eu.

O tempo passou por nossos corpos de modo diferente, não somente pelo fator biológico e as consequentes modificações que isso nos causa, mas também porque o tempo e

175

os eventos que aconteceram nesse ínterim deixaram umas memórias que nos fazem reagir, opinar de modo diferente. O *Zeitgeist*, ou seja, o espírito do tempo em que coexistimos, e o modo de nos relacionarmos com ele e nosso *Weltanschaung*, ou seja, nossa imagem (visão) do mundo, não são de todo iguais. Essa diferença pode ser o motor para a criação desse espetáculo.

É certo que somos contemporâneos e que uma parte da história da minha vida coincide com um período histórico da vida deles, mas tenho uma experiência anterior que nos diferencia, um *Weltanschaung*, uma intuição do mundo diferenciada. Tenho um corpo que o tempo, ao passar do sólido ao líquido, modificou substancialmente, deixou outros anéis, outras densidades, outros nós.

O 11 de Setembro de 2001 é uma dessas experiências históricas em comum que nos modificaram. Outro 11 de setembro, que não temos compartilhado, é o golpe militar no Chile em 1973, que foi para mim uma vivência que deixou uma visão do mundo e uma memória física concreta, de insegurança e repulsa – quem sabe similar a deixada pelo 11 de setembro de 2001.

Em 1981, eu imigrava da Argentina para a Europa e alguns meses depois a guerra das Malvinas produzia uma vivência a partir da qual pude referir-me a "um antes e um depois". Nesses anos meus companheiros de fuga estavam ocupados em coisas mais primordiais. Seguramente, em 1989, a queda do muro de Berlim não podia significar nada de importante para eles. Essas vivências não compartilhadas nos dão outro *Weltanschaung*. Assim como eu tenho outra imagem do mundo do que a geração anterior à minha, aquela geração que vivenciou a Segunda Guerra Mundial.

Venho de uma história anterior, de outro *Zeitgeist*. Carrego elementos de um período histórico que se caracterizava por ter um espírito em "estado sólido" e que se foi liquidificando. Hoje compartilhamos uma sociedade globalizada que, de acordo com a imagem de Zygmunt Bauman, vive num "estado líquido". O modo que temos de

176

relacionarmo-nos com o tempo, de "colocar" nosso corpo no tempo, é seguramente diferente. Suponho que para mim é mais difícil passar do estado sólido ao estado líquido, tenho que fazer um esforço – às vezes agradável, às vezes não – para mudar, por exemplo: para passar de certezas a incertezas. Minha geração tinha a pretensão e a certeza de mudar a realidade e a isso, seguramente, correspondia uma atitude física, talvez mais rígida, talvez mais desafiadora, arrogante e apolínea. Hoje não existe a certeza dessa urgência de mudar o mundo, a realidade é uma constante que o tempo dilata, o tempo é um mar no qual se flutua em aparente liberdade e com a angústia de não saber onde nos levará a corrente. Parece que finalmente a determinação da história caiu em nossas mãos, só que não sabemos o que fazer com isso.

Quando eu era jovem não se usava o conceito de pós-moderno e o determinismo histórico definia o futuro, não se usava o telefone para tirar fotos, ninguém te chamava por telefone e perguntava "onde você está?", porque o aparato estava inevitavelmente em casa. As cartas se escreviam diretamente sobre um papel, o profilático era um opcional que servia para apaziguar outros medos diferentes dos atuais, o uso da droga era menos generalizado... Muitas coisas mudaram radicalmente em poucas décadas. O tempo povoou-se não somente com outros eventos históricos, mas também com outras músicas, outros modos de vestir, uma educação distinta, distintos valores... que deixam como consequência um modo distinto de transitar a história que estamos compartilhando, um modo diferente de produzi-la e de reproduzi-la.

Esse outro modo de transitar de meus jovens colegas me deixa muito curioso. No cotidiano vivemos muitas coisas em comum, mas seguramente com efeitos distintos, os eventos históricos geraram vivências diferenciadas, modelando-nos de modo tal que faz com que sejamos produtos com formas de pensar, agir e sentir distintos.

As marcas que a história deixou na memória deles seguramente são diferentes das minhas. Seguramente nossos corpos contêm recordações e opiniões distintas desse período de anos que estamos compartilhando.

Gostaria de conhecer, perceber de que modo se formalizaram no corpo de meus atores/bailarinos as vivências dos eventos compartilhados que passaram por nós e também dos eventos individuais, esses que são de cada um. Gostaria, assim, de entender melhor suas opiniões, seus modos de compartilhar esse período da história. Suponho que para eles também pode ser uma experiência interessante, um exercício de vida, que harmonize com o exercício artístico que estamos praticando.

Para isso, vamos indagar a memória de nosso próprio corpo, fazer metaforicamente alguns cortes transversais, descobrindo os anéis, as vivências que modelaram nossas personalidades, tanto como geração quanto individualmente.

Agora talvez se entenda melhor o que escrevi no início desta provocação:

A NATUREZA DO TEMPO E A HISTÓRIA PESSOAL

Podemos combinar esses dois elementos.
Acelerando o tempo posso convocar o velho em mim.
Desacelerando posso convocar o menino que fui.
Parar o tempo é deixar aparecer o meu eu atual.
Etapas possíveis num corpo modificado por um fluxo artificial de tempo: acelerado, parado, desacelerado. Um tempo molecular?
Reorganização molecular de um corpo modificado por um tempo virtual.

A NATUREZA DO TEMPO	HISTÓRIA PESSOAL
Podemos materializar o tempo no corpo e no espaço?	A pessoa que foi. A pessoa que serei. Essa ou essas pessoas como pessoas imaginadas/criadas/recriadas podem ser o objeto de mimeses.
Qual é a substância do tempo e como se pode modificar?	
Como posso perceber a substância do tempo e como pode transformar-me?	Mimeses de pessoas recordadas ou imaginadas. Desenhar o velho que será. Recordar o menino que fui. Histórias de infância e suas consequências hoje. Ativar o velho que serei. Possíveis etapas da velhice. Desejos e temores.
Parar o tempo – deixar-me levar pelo tempo – dialogar com o tempo.	

178

Que consequências deixa o tempo em nós e como trabalhar com o tempo? Com o tempo no corpo.

24.09.07
Aniversariando agora às oho4, 54 anos.

Provocação 3: *Fuga!* Depois da Estreia

Pode parecer fora de tempo propor esta terceira provocação para continuar com o nosso espetáculo, aparentemente terminado, terminado no sentido de que já se encontrou com o público, já é um produto, mas que acredito possamos ainda melhorar e nos permita crescer.

As duas provocações anteriores tinham o propósito de construir Fuga! Esta terceira propõe que o trabalho realizado até agora não se transforme em uma construção, que não nos limitemos ao produto que será repetido como tal, como manufatura reproduzível, como um objeto – talvez artístico – fechado, finalizado. Fuga! foi proposto como território de pesquisa e, uma vez criado o território, nos cabe continuar a explorá-lo, a explorar-nos nele.

O criado até agora é a base para compreender um modo de estar em cena, um como estar no espaço cênico; não num espaço cênico pré-determinado pelas leis de um teatro estabelecido, senão em um espaço como território que nós mesmos havíamos criado, com as leis que estão ainda por serem descobertas. Nossas leis, para o nosso território. Esta terceira provocação se concentra no modo de "agir", nosso modo de ser em *Fuga!*

É necessário, agora que a criação se confronta com o público, que aprofundemos o que esse estar em cena é, esse espaço entre o teatro e a dança – o do teatro na dança – nos propõe.

Um modo de ser em cena, mas do que fazer, de ser, ser no fazer.

Desde muitos anos me pergunto em que me concentrar quando estou em cena, essa pergunta venho propondo também aos atores com quem trabalho e também na atividade pedagógica: Em que concentrar-se? Em que ocupar- se? A consciência dessa pergunta me permite organizar meu trabalho. Espero que possa ajudar também a vocês na orientação de nossa pesquisa.

"Quando a arte é boa, é porque tocou no inexpressivo, a pior arte é a expressiva."

Como entender essa frase de Clarice Lispector? É apenas uma provocação? Não parece contraditório falar de uma arte inexpressiva? "A pior arte é a expressiva?" Também é Clarice quem escreve "O perigo de meditar é o de sem querer começar a pensar, e pensar já não é meditar, pensar guia para um objetivo".

Se me é permitido juntar esses dois pensamentos de Clarice Lispector, posso chegar à conclusão de que o perigo de atuar ou dançar é o de, sem querer, começar a expressar, porque quando o artista começa a expressar, deixa de agir em relação ao objeto de sua arte, interrompe a ação para dar lugar à expressão da forma. A expressão da forma congela a possibilidade de que a emoção e o pensamento apareçam, surjam para continuar se transformando, vivendo livres das formas expressivas, que em suas representações vazias fossilizam a ação. Expressões banais de sentimentos e/ou ideias detêm o fluxo da ação, interrompem a ocupação/concentração do performer que são as de seu agir, agir que, sim, pode produzir emoção e pensamento em um único estado de presença, presença do ser na ação, não do mostrar a ação ou, ainda pior: a emoção.

Suponho que Clarice Lispector nos disse que a pior arte é a expressiva porque uma arte desse tipo não nos deixa tocar o invisível, o que está além de toda a vontade de ser definido. A arte quando é arte toca o inexpressivo porque toca o mistério, o que está por vir. "Nada é sem devir" já escrevia Hegel. A arte, quando é arte, anuncia, abre possibilidades, é uma linha de fuga. A arte, quando é em si, é devir.

Em nossa tarefa de performadores, a transformação passa fundamentalmente pelo trabalho com o corpo, é física, é físico-psíquica e é o movimento, o que permite o nosso devir.

180

Movimento

Mover a musculatura, mover os ossos, abrir as articulações, tocar o sistema nervoso. No trabalho sobre o movimento temos o objetivo de despertar uma presença. Nem todo tipo de trabalho permite uma presença físico-psíquica respeita a organicidade na presença do performer. Interessa-me um tipo de trabalho, de treinamento através do movimento, que incorpore o indivíduo em toda a sua complexidade. Trata--se de recuperar a sua presença não fragmentada. Orgânica?

A partir de posições e impulsos que rompem a inércia e liberam ações, se descobrem os movimentos que já estão em nós; consentindo-os fluir, podemos criar um estado de consciência físico-psíquica que nos permite abrir espaços interiores – é como ir descobrindo uma casa desconhecida na qual transitamos atentos às memórias, aos sinais que o tempo deixou; nos movemos nela com uma curiosidade que nos impulsiona a abrir todos os espaços, redescobrindo a cada passo a identidade dos quartos que habitamos e lentamente nos habitam. Estabelece-se uma relação: quanto mais interessante é a casa mais entramos nela, mais nos dilatamos nela.

O fluxo de impulsos que provocam movimentos não tem um objetivo – talvez seja simplesmente um estado de curiosidade –, é movimento puro o que ilumina as presenças do ator/bailarino, que limpa, que aprofunda, que purifica.

"O perigo de meditar é o de sem querer começar a pensar, e pensar já não é meditar, pensar guia para um objetivo", escreve Clarice.

Quando meditamos não pensamos, mas a meditação limpa, aprofunda e purifica o pensamento.

O movimento não é ação, não tem objetivo, mas limpa, aprofunda e purifica.

O perigo do movimento é o de sem querer começar a agir e agir já não é mover-se, agir guia a um objetivo. Assim como a meditação facilita abrir outras regiões de pensamento – outro modo de pensar? –, o movimento pode abrir outras regiões do corpo que encerram ações jamais pensadas, regiões de nossas possíveis presenças físicas, às quais não chegaríamos sem transitar através do movimento que relaciona, toca, abre, desperta aquilo que está dentro de nós e que até então não se revelava, não se iluminava.

Temo que se nos limitamos apenas a uma concepção muscular-óssea do movimento, acabaremos tendo uma visão mecânica do corpo. O corpo sim é uma máquina, mas uma máquina humana, complexa. Um dos elementos da sua complexidade é o nível emocional. É uma máquina que sente.

Não peço aos atores ou aos bailarinos que sintam ou que sintam o corpo, peço-lhes que o escutem. Tampouco lhes peço que não sintam, peço que escutem, percebam o que sucede permitindo que suceda. Não lhes peço sentir no sentido de ativar sentimentos, peço-lhes que escutem os impulsos que provocam os movimentos, que os escutem fisicamente, deixando-os fluir. Sentir sentimentos não é nossa tarefa, pode ser sim consequência de nossa tarefa. Não se trata de impor sentimentos, emoções preestabelecidas mentalmente; trata-se de liberar o movimento que nasce das necessidades físicas, permitindo que a dança interior que nos pertence apareça.

Cada um de nós possui uma música que nos ocupa, uma música que se transforma no tempo e marca o ritmo, dá cor a nossa presença; é uma música que podemos escutar fisicamente e que podemos variar, que pode nos mover, nos levar através da casa de nossas memórias, no mundo de nossas sensações. O movimento pode então despertar emoção, talvez um sentimento que não possa ser definido racionalmente.

Para criar uma transcendência nesse fluir só temos que evitar parar para expressar o que estamos sentindo e continuar com nossa curiosidade, sem interromper os distintos níveis de relação, continuando a inter-relação conosco, com o espaço e com os outros.

Quando nos movimentamos, liberados de qualquer especulação expressiva, conseguimos um estado de consciência, de percepção da realidade. Perceber o corpo como um depósito de emoções, pensamentos, memórias, sentimentos. É assim que um movimento puro pode produzir emoção que não se detém em si mesma, senão permitindo reconhecer as presenças, as personalidades que nos habitam e habitamos.

Ação

Trata-se de arte, a arte requer codificação, as margens da codificação podem ser mais ou menos amplas, mas requer uma organização, uma forma, um pensamento, um objetivo. O movimento é uma tarefa pré-expressiva, pode ou não ser codificado, mas não requer intenção, vontade intelectual; a arte – ao meu modo de ver – sim. A arte é uma necessidade que busca uma forma de manifestar-se, é uma preocupação – às vezes uma obsessão que forja uma visão com sua consequente forma. A arte é uma ação com uma linguagem que comunica.

Para que o movimento, que nos permite revelar presenças, se transforme em arte, necessita das margens que o contenham e o orientem a uma região de encontro, de diálogo. A essa região que chamamos espetáculo.

Novamente Grotowski:

– o espetáculo é a centelha que passa entre os dois *ensembles*: o *ensemble* dos atores e o *ensemble* dos espectadores,
– dando forma ao espetáculo de modo tal que ataque o arquétipo, atacando o "inconsciente coletivo" dos dois grupos: do grupo dos atores e daquele dos espectadores, formamos uma certa comunidade, análoga aos atos "mistéricos" da pré-história do teatro [...]
– o diretor consciente coloca em cena os dois *ensembles* (não só o grupo dos atores), os aproxima reciprocamente, os coloca em conjunção, corpo a corpo, em contato, em coatuação de modo que a centelha passe (o espetáculo)[11].

Deixemos – ao menos nesse caso – que o diretor se ocupe da codificação desse encontro entre os dois *ensembles*,

---

11. L. Flaszen; C. Pollastrelli (orgs.), *O Teatro Laboratório de Jerzy Grotowski 1959-1969*, p. 60.

pertencentes à sua dramaturgia. Ocupemo-nos por agora da centelha, que se instala no essencial de nossa arte, no corpo do ator/bailarino: é sua presença que produz a centelha.

Desde muitos anos me ocupo dessa presença. Como ator e como diretor. Em *Fuga!*, através do trabalho pré--expressivo proposto por Jussara e Renato, trabalhamos intensamente sobre o movimento. Os princípios de Klaus Vianna e do Lume se encontraram nos corpos dos quatro performers. Sabemos que cada um dos momentos cênicos do espetáculo tem uma base pré-expressiva que codificamos ao interno de um container: a dramaturgia de *Fuga!* Transformamos o movimento em ação física, tentando não abandonar os princípios que deram origem aos movimentos.

Trabalhamos na região de fronteira entre o movimento e a ação.

O perigo de fazer o espetáculo como produto é esquecer as perguntas:

Em que momento e como se transforma o movimento em ação?

Como seria permanecer flutuando nesse espaço de fronteira que se cria entre o movimento e a ação?

Essas perguntas poderiam superar as anteriores:

Em que concentrar-se?

De que ocupar-se quando se está em cena?

Desse modo encerraríamos uma pergunta abrindo outra nova.

Dramaturgia do ator/bailarino

O trabalho sobre o movimento puro permite um estado de consciência que cria uma possibilidade de conhecimento, tanto dos limites como do potencial de nossa organização físico-psíquica, uma possibilidade de conhecimento que vai além do próprio corpo, se estende à totalidade do indivíduo, das outras presenças e do espaço.

E quando aparece a ação?

O processo é rizomático. Quando se corta uma cebola para preparar uma salada, a cebola é fruto, mas continua sendo semente. Será comida e se transformará em outra coisa, mas a unidade de seu "ser" não se perde no exercício de algumas de suas distintas funções. Somente vem acentuado um ou outro elemento segundo o momento de desenvolvimento de sua existência, porém cebola fruto, cebola semente, cebola em transformação ou cebola no espaço entre fruto e semente, será sempre uma cebola.

A ação é aquele movimento que não perde sua natureza de semente e que é fruto quando assume um objetivo, gera uma consciência de si mesmo para alimentar, transformar, devir, agir dentro de parâmetros, vontades, desejos estabelecidos. O movimento se transforma em ação quando se cria um contêiner, para transcender na relação com o outro e com o espaço.

Movimento que devém ação, ação em sequência, sequência em momento cênico; é como estar abrindo uma cebola.

O movimento permite ao performer descobrir sua presença, essa presença tem a ver com um modo de estar em cena, a prática do aqui e agora passa a ser uma atividade física, concreta, trata-se de não estar atrás ou adiante da ação, de não estar fora das necessidades dos impulsos disparados pelo próprio corpo, ou recebidos por outros corpos no espaço, ou mesmo pelo próprio espaço. Os impulsos chegam; esperá-los/provocá-los e reagir, responder. Escutar e responder. Impulso e ação são uma coisa só, sucedem ao mesmo tempo, num espaço de fronteira onde percebemos a presença do tempo no corpo, uma consciência física do tempo. Um modo orgânico de estar em cena. Organicidade é não adiantar-se nem deixar passar esse impulso, estar na ação. O escutar gera a presença, o estado de consciência para estar em cena.

O ator/bailarino "é" quando "é em sua presença", no seu agir – não em seu mostrar ou em seu expressar – "é" em seu agir, na dança dos impulsos que cria a sequência de ações físicas. É nesse espaço entre o impulso/movimento e ação que nasce a dramaturgia do performer, e na organização de seu agir o ator/bailarino "opina sua arte", criando seu momento cênico. Penso novamente numa cebola.

Dualidade corpo cotidiano/corpo extracotidiano. Dualidade vida/arte

Superar a dualidade modo de pensar/viver – não somente de modo conceitual senão também na prática, superando a dualidade conceito/prática –, passando pela superação do conceito corpo cotidiano/corpo extracotidiano.

Brisa Vieira, atriz de Barão Geraldo, conta que esperando uma amiga na rua observou uma árvore que perdia suas flores, e para ela esse foi um momento de arte. Faz anos que quero pendurar no jardim da minha casa uma moldura e colocar uma cadeira em frente para ressaltar algum ângulo que me "diz algo", que me emociona de algum modo, criando assim uma região de encontro, um espaço para compartilhar. Artistas que colocam objetos comuns e cotidianos fora de contexto propondo-os como objetos de arte.

Cotidiano/extracotidiano, arte/vida, emoção/pensamento, corpo/alma, bem/mal.

Parece que como mentalidade nossa cultura esteja tentando superar esse dualismo maniqueísta que caracterizou e segue caracterizando tanto o pensamento ocidental e cristão. Gostaria de exercitar a possibilidade de superar esse maniqueísmo, superando o dualismo que o provoca; ao menos tentar um teatro que esteja além duma concepção dualista que coloca pensamento, desejo, emoção, ação em permanente estado de conflito.

Levar a experiência de vida à experiência artística, passar do corpo cotidiano ao corpo extracotidiano, não como ruptura, mas como um ponto de encontro, uma superação da dualidade, um entre que revalorize a vida na arte superando vida – arte como dualidade.

Superar o maneirismo dos corpos que repetem de modo inorgânico e impessoal clichês de comportamentos físicos em cena, reproduzindo certo modo de dançar, certo modo de atuar.

Será possível uma organicidade extracotidiana?

Pode-se entrar tanto na vida como na arte incorporando os modos estabelecidos, aprendendo a fazer as coisas como nos vêm oferecidas, como um adolescente que observa o mundo dos adultos tentando assumir seus comportamentos para incorporar-se a este mundo de modo correto, sem questioná-lo, sem experimentá-lo.

Pode-se também aprender por oposição, como um adolescente que entra em conflito com esse modo de fazer já estabelecido, e queira criar o seu próprio, um modo próprio de ser, de viver.

Pode-se até assumir a experiência dos adultos transformando-as em uma nova experiência de vida, não como negação, e sim como transformação.

Podemos tentar criar nosso próprio território e nossas próprias leis nos somando ao devir de uma história que contém muitas linhas de fuga.

Fevereiro de 2008

Outras tarefas
um epílogo que se quer prólogo

Muito tenho a agradecer pelo fato de participar desta pesquisa: a possibilidade de conhecer pessoas que abriram um espaço de alegria a compartilhar ideias e desenvolver conhecimentos; a vivência de momentos criativos em que a tarefa foi alimentar-se mutuamente em um intenso processo que tomou muitas formas – desde o encontro na sala de ensaio até o compartilhar as refeições –; foram impulsos que moveram o corpo e as ideias na materialização de um espaço amplo, onde o teatro dialoga com a filosofia, a dança com a literatura, e abre à vida como um fato natural. Um teatro que recupera sua totalidade, sua presença abarcadora, a totalidade de ser na ação, o que faz com que a arte seja arte: arte-vida.

Essa tarefa de investigar criando sobre a dramaturgia do ator gerou outros encontros: pude trabalhar com Raquel em Veneza, junto ao grupo Alecrim, na criação de um espetáculo, e também com ela e com Sabine Uitz no projeto Experimentus, no Sesc Campinas, participar do Feverestival, conhecer outros grupos, assistir espetáculos e participar das aulas do Renato, no Lume. O simples fato de estar no Lume é uma festa para todos que buscamos no teatro não só uma profissão, mas também uma qualidade de encontro humano.

Quero supor que o processo de trabalho não terminou, simplesmente assume outras perguntas, ou enfoca a arte da criação teatral de outro ângulo.

Por isso agrego a esta memória do trabalho sobre *O Que Seria de Nós Sem as Coisas Que Não Existem* e *Fuga!* este último escrito, que na realidade é um epílogo que deseja ser um prólogo...

Da dramaturgia do ator ao corpo memória:
memórias de uma memória física

Pode-se conceber a memória de um modo romântico, como algo que se coloca quase fora do corpo, que em forma de pensamento transita ao sumo o nível cerebral. O cérebro está obviamente no corpo, só que às vezes o concebemos como algo apartado deste. "A memória do cérebro" aparece como uma imagem, podemos visualizá-la, podemos colocá-la fora de nós mesmos, separá-la de nosso corpo. Um pensamento, uma ideia, uma reprodução, algo que só a mente tem condições de elaborar. Um mecanismo neuronal recupera algum fato do passado projetando-o nas paredes de nosso cérebro em forma de imagens, algo assim como um filme ou uma fotografia. Assim "se visualizam" as recordações, como uma representação de antigas vivências que pode provocar uma reação emocional em nosso presente, na memória como uma evocação.

Aqueles que praticam a memória emotiva sabem da eficácia desse recurso para provocar emoções reais em situações artificiais. A proposta de Stanislávski foi e ainda é um recurso que um sem-número de intérpretes usou e usa. Um mecanismo psíquico-físico que alguma vez exercitei quando visitava a escola de teatro em Buenos Aires, mas que resolvi não usar no meu trabalho de ator. Preferia já então um modo de estar em cena que priorizasse a conexão direta com o acontecer da ação e com as relações dos elementos que integram o aqui e agora do evento teatral.

Renunciar aos recursos e priorizar o corpo, sua presença e a relação física com os outros corpos no espaço real em que a ação acontece foi o que então decidi, quase instintivamente, como meu modo de ser ator, e comecei, assim, a buscar e praticar uma técnica e uma disciplina que me consentiria sê-lo.

Naquele tempo me seduziu mais exercitar a memória sensitiva para entender melhor essa presença física que me parecia primordial no teatro que estava querendo praticar. Um aroma, uma música, assim com um ruído, um tom de voz, a passagem de uma mão sobre nossa bochecha, certa posição do corpo, um movimento, um gesto, são uma infinidade de possibilidades, de impulsos reatualizando algo que já está em nosso corpo. É uma experiência que não é necessário ser ator ou bailarino para experimentar, mas em nosso trabalho abre um nível de percepção que o ator pode transformar em técnica. Essa memória sensorial também é proposta por Stanislávski para o desenvolvimento da sensibilidade do ator, com exercícios que se apoiam em um mecanismo provocado por impulsos que vêm, geralmente, de "fora pra dentro". Em um dado momento, senti esses exercícios como um obstáculo que construía máscaras, que ocultavam o que eu estava tentando liberar. Assim foi que por um tempo deixei de me ocupar da memória, fosse emotiva ou sensitiva, como possibilidade de experimentação da presença em cena e me concentrei no trabalho sobre os limites.

Foi, então, mais tarde que, trabalhando sobre mim mesmo, sobre meus limites, apareceu um exercício que tocava e abria as memórias físicas encerradas em meu corpo. Uma experiência na qual o corpo vem a ser "tocado" através do movimento de dentro pra fora, abrindo espaços, zonas de ressonância.

Comecei a perceber fisicamente que para um ator a memória é basicamente uma atividade do corpo, que ocorre no corpo, corpo como depositário da memória, de uma memória pessoal, individual, a que fica das nossas experiências vividas em primeira pessoa. Também pressenti que existe uma memória genética, a que pertence à nossa espécie, à sua evolução e ao seu devir, memória ancestral que não podemos evocar através do recordar, mas que está presente em nós mesmos e da qual também somos produto, consequência.

Comecei a trabalhar com meu corpo, usando precisos exercícios com o objetivo de despertar essas memórias para que se incorporassem ao meu "vocabulário", à minha "cultura de ator". Fui percebendo com esse treinamento que existe um espaço entre o corpo e o cérebro, um ponto de encontro, de união, na realidade um estado que se produz nesse espaço, um estado de percepção, de "ser", no qual corpo e mente se encontram, ali onde simplesmente se "é" em um agir que se mostra como uma presença aparentemente física, mas que na realidade é uma memória que elabora uma nova memória e que reestabelece a organicidade do indivíduo em cena, sua coesão na multiplicidade, sua organicidade física e mental, emocional e intelectual, capaz de dançar os pensamentos, de agir as emoções, de ser uma coisa com o tempo que a atravessa e que atravessa em uma vibração uníssona com o público. O teatro como ritual pagão em sua simples tarefa de fazer reencontrar as pessoas e suas inquietudes.

Interessei-me em indagar essa memória muscular que conserva vivências com o fim de construir meu "corpo/instrumento", de desconstruir-me em uma presença cênica pré-expressiva. Pouco me interessavam as possíveis vantagens terapêuticas que a memória corporal podia ter – suponho que tenha muitas e que podem ser de grande interesse para algumas disciplinas científicas –; creio que se me concentrasse nisso perderia o sentido de meu trabalho e já tenho bastante com que me ocupar, com a procura de uma qualidade artística com esse treinamento.

Tampouco me interessei em usar as memórias pessoais para colocar-me em cena. Autoterapia e autorrepresentação levam a um egocentrismo que não creio seja interessante, ao menos no meu caso não é. Em geral prefiro, mais que contar-me a mim mesmo, fazer passar pela minha pessoa – tanto quando atuo, dirijo ou escrevo – eventos e histórias que considero mais interessantes do que minha própria vivência, histórias e excentricidades pessoais várias, mesmo sabendo que o artista está indissoluvelmente envolvido no fato mesmo de contar, envolto com o objeto de sua narrativa: na arte em geral, no teatro em particular e ainda mais em certo tipo de teatro, objeto e sujeito se confundem na ação, e é assim que muitas vezes aparecem como uma coisa só, uma coesão que faz com que o corpo do ator, sua presença, seja ele mesmo o objeto de sua arte, invólucro e conteúdo de uma ideia/emoção que transcende sua própria vontade. É ali onde a presença/memória toma, para mim, um sentido mais atrativo, quando o corpo do ator é uma caixa de ressonância, por onde vibram – através de suas memórias físicas – um sem-número de outras frequências, de outras memórias, de outras presenças. O ator/bailarino é como um piano em que o teclado é sua coluna vertebral, na qual cada vértebra conserva a vibração de suas memórias.

Enquanto ator me interessa indagar essa memória como mecanismo físico-psíquico, que permite evocações de vivências que em muitos casos não conseguimos racionalizar, mas que sabemos que são algo que nos pertence, que é parte de nossa experiência de vida e que nosso corpo soube conservar, como um cofre conservando seu tesouro, ou melhor, como um cofre que conserva uma infinidade de cofres, de tesouros, e para os quais é necessário a cada vez obter uma chave diferente para abri-los.

Penso em um treinamento do ator-bailarino que consiste, em grande parte, na conquista dessas chaves, para abrir esses espaços interiores, onde estão alojadas as suas vivências, conseguindo assim transformá-las em presenças, presenças cênicas contaminantes. Quando um bailarino ou um ator descobre esses mecanismos, consegue "tocar" e atualizar suas memórias físicas, conquista uma presença que não é só a representação de uma forma, senão a sequência atualizada de uma série de vivências.

A memória física se transforma na gramática que o permite criar uma linguagem, seu agir físico se apoia em uma dramaturgia sustentada nessas vivências. Seu corpo é uma caixa de ressonância onde a memória física é a música que torna possível sua dança.

Penso no cruzamento dessas memórias com outras, com as que contêm os objetos, as que produzem literatura, as culturas e histórias dos outros, penso em uma contaminação de memória que se transforma em arte, sendo a arte memória.

UMA AVENTURA ANALÍTICA[1]

Quando observamos o pôr do sol suavemente somos levados para dentro da noite que vai, lentamente, consumindo nossa retina e ampliando nossa íris na busca afoita por mais luz e, repentinamente, nos deparamos com a poesia que a noite traz. A poesia-noite como teleologia de um crepúsculo que nos afeta e nos imprime uma vivência concreta que se virtualiza e, como virtual, dura e se atualiza, recriando-se em nossas memórias ontológicas. Quase da mesma

---

1. Escrito com Carolina Delduque, Clarissa Nogueira Moser, Luciano Mendes de Jesus e Suellen de Souza Leal.

Os ensaios que seguem são resultantes de uma parte do projeto de pesquisa Aspectos Orgânicos da Dramaturgia de Ator, sob a minha coordenação. As análises e seus procedimentos criados são o resultado de estudos realizados em conjunto com os quatro bolsistas de iniciação científica do Departamento de Artes Cênicas da Unicamp citados acima. Este texto introdutório e a análise do espetáculo O Príncipe Constante, dirigido por Jerzy Grotowski, tiveram suas primeiras versões publicadas no livro Corpos em Fuga, Corpos em Arte, de minha organização, que foram revisados e ampliados para esta publicação. As demais análises são inéditas.

maneira, ao final de um espetáculo cênico, somos deixados com certo ponto final poético espacial, mas ao mesmo tempo com o início duradouro de uma vivência, restando-nos apenas a afetação concreta – que posteriormente se virtualiza – dessa poesia cênico-espaço-temporal. Esse virtual – tal como cúmulos-nimbos prontos a transbordarem – ficará pairando, navegando, flutuando na memória daquele a quem afetou, e poderá ser retransformado, recodificado e mesmo recriado em outras atualizações, sejam elas atualizações-palavras, sejam atualizações-imagens. Poderemos recriar esse afeto virtual poético naquilo que nos convém enquanto seres criadores. Obras poéticas podem servir como disparadores de produção: produção de outras obras, produção de outros modos de ver o mundo. E buscar certa especulação de como essas obras se articulam pode ser, também, uma produção de conhecimento.

Na busca de atualizar esse afeto, recriando uma espécie de conhecimento, embarcamos em uma ideia um tanto quanto ousada: produção de gráficos de ação. Uma produção que almeja, simplesmente, evidenciar procedimentos de montagem, e também uma possível visualização – a mais concreta possível em meio a sensações abstratas – do todo da obra, analisada sob alguns aspectos específicos, mesmo sabendo ser uma produção sujeita a um considerável grau de imprecisão. Já que o foco de análise é a dramaturgia de ator, ou, mais especificamente, aspectos orgânicos na dramaturgia de ator, escolhemos como objeto de afetação a obra *O Príncipe Constante* (1965) dirigida por Grotowski. Essa obra também foi escolhida para nossas experiências, pois Grotowski, além de uma profunda preocupação com o trabalho do ator, foi um grande mestre na organização espetacular baseada nas ações físicas e vocais desse mesmo ator[2].

O texto original da montagem a ser analisada é de Pedro Calderón de la Barca, tendo sido traduzido por Julius

---

2. Para análise dessa obra utilizou-se uma gravação do espetáculo disponível na videoteca da sede do Lume. Na gravação não constam data, local da gravação ou o responsável pela mesma.

Slowacki, um dos maiores dramaturgos poloneses. Ele serviu, para Grotowski, como uma espécie de pretexto para uma investigação mais aprofundada do ator sobre si mesmo. Na montagem não há um respeito à linearidade estabelecida pela dramaturgia textual, mas são mantidas as mesmas personagens e suas relações. Conta-se a história de um príncipe estrangeiro que, capturado em combate por seus inimigos, é submetido a intensas provações para trair seus ideais, mas resiste até a morte. A sua trajetória é semelhante a uma ascese na qual, através do autossacrifício, realiza a sublimação dos baixos valores morais existentes naquela sociedade.

Percebemos que a análise gráfica de *O Príncipe Constante* deveria se dar por uma abordagem individualizada de três aspectos fundamentais: dinâmica de ações físicas corpóreas, dinâmica sonora e dinâmica ritmo-espacial. O gráfico das dinâmicas de ações físicas corpóreas estaria baseado no desenvolvimento destas ao longo do espetáculo, buscando-se clarificar o melhor possível suas intensidades e variações em termos quantitativos e expansivos. O gráfico de sonoridade deveria conter tanto as variações das ações vocais (prosódias em monólogos e diálogos, cantos e imitações) quanto os sons realizados pelos atores através do uso de objetos cênicos (por exemplo, um pano golpeando um corpo), pelas possibilidades acústicas do espaço teatral (batidas de botas no chão) e por recursos de percussão corporal (palmas). É interessante ressaltar que em nenhum momento há a presença de som mecânico (sonoplastia externa); tudo o que é sonoro é executado pelo trabalho dos atores, e essa é uma marca das encenações de Grotowski. O gráfico de ritmo espacial estaria baseado na observação da progressão *jo-ha-kyū*[3], considerando-se que

---

3. *Jo-ha-kyū* representa uma progressão rítmica e permeia as principais formas espetaculares do Japão. Equivale a um movimento de princípio-desenvolvimento-clímax, mas não à ideia literária de início-meio-fim, pois está ligado aos fatores tempo e energia dentro de um espetáculo. Podemos considerar o *jo-ha-kyū* como um ciclo que se inicia, encontra uma resistência e amplia essa tensão na oposição até o limite da ruptura. Assim que se rompe – e do ponto de rompimento – outro ciclo início-resistência-ruptura recomeça.

essa progressão na relação dinâmica espetacular não deve ser lida somente em um aspecto temporal matematizado, mas sobretudo na sua manifestação sobre o espaço.

Tendo assumido essas divisões como facilitadoras da análise, cada um dos quatro pesquisadores partiu para uma primeira tentativa de estudo. Para tanto se tornou necessário assistir ao espetáculo muitíssimas vezes no vídeo. Ao compararmos os gráficos realizados de forma individual, percebemos semelhanças em diversos momentos da evolução dos gráficos, mesmo considerando que cada um concebeu diferentes formas de expressão destes. Os gráficos partiam aproximadamente dos mesmos pontos, atingiam pontos máximos em trechos parecidos e possuíam ainda semelhança quanto à alternância de cumes e vales. Restava agora buscar compreender como isso se processava.

Notamos que era fundamental encontrar uma forma gráfica que fosse comum à análise de todos os pesquisadores, de modo a ser possível uma reflexão conjunta e colaborativa. Era necessário unificarmos os momentos de mudança do espetáculo, naquilo que se referia à sucessão de cenas em um sentido temporal, para trabalharmos sobre um mesmo parâmetro de análise. Foi proposta, então, uma divisão da peça conforme uma unidade de ritmo e intensidade de cada cena, cada uma tendo uma ação bem contundente ao seu final para justificar-se a transição para a cena seguinte. Todas as cenas foram rigorosamente cronometradas, havendo uma grande variedade de durações, fato que contribuía para o fluxo rítmico consistente da representação. Após essa primeira divisão, fizemos uma revisão e subdividimos alguns momentos que julgamos passíveis de melhor perscrutação. Essa divisão do espetáculo em cenas isoladas criou o nosso vetor-base de análise, nosso vetor das abcissas (o vetor-tempo), que serviu para o desenvolvimento dos três gráficos acima citados. Esse passo foi especialmente útil porque nos proporcionou uma investigação mais minuciosa dos elementos que procurávamos, pois cada cena pôde ser tratada como um fragmento independente.

TEMPO	
0,00	27,38
3,52	28,14
4,45	28,35
6,05	29,06
7,33	29,17
9,08	29,31
9,28	29,46
11,41	29,51
12,45	30,59
14,46	31,46
15,44	33,37
16,57	34,10
19,57	34,46
22,22	40,41
24,11	45,06
25,36	45,30
26,56	45,47
27,20	46,25
27,38	47,00

O nosso maior problema a ser resolvido posteriormente seria em relação à presença dos tópicos de análise em cada um dos momentos em que dividimos a obra estudada. Isto compreendeu o nosso vetor-variação ou vetor-intensidade, pois deveria expressar os fluxos extensivos em constante transformação no decorrer do espetáculo dentro do vetor-tempo. Deveríamos encontrar uma maneira clara para o eixo das ordenadas do gráfico.

Para os gráficos de dinâmica física foi primeiramente aventada a possibilidade de utilizarmos os sete estados de energia de Jacques Lecoq, que são, em ordem crescente:

Exaustão.
Relaxamento.
Econômico.
Suspensão.
Atitude.

Decisão.
Hipertensão.

Dentro desses termos, para cada nível de energia atribuímos um valor, através do qual poderíamos valorar a intensidade da ação física; assim definimos o eixo das ordenadas de nosso gráfico.

Como tínhamos o intuito de analisá-los em separado apenas em um primeiro momento, para que, em seguida, na comparação entre os gráficos obtidos, pudéssemos desvendar a resultante da interação entre os focos de observação, precisávamos que todos os gráficos obedecessem aos mesmos padrões de normatização, caso contrário não seria possível sobrepor os gráficos construídos.

Para o gráfico de sonoridade consultamos a opinião do ator-pesquisador Carlos Roberto Simioni, que desenvolve pesquisa dentro das práticas de utilização vocal; com o auxílio dele elencamos alguns padrões vocais que poderíamos utilizar para construir uma escala. No entanto, verificamos no momento seguinte que não poderíamos utilizar a voz como padrão para o que desejávamos traçar, uma vez que uma série de outros sons e ruídos estava presente na cena. Assim, o gráfico da ação vocal transformou-se em um gráfico da ação sonora.

Diante do padrão que possuíamos para a ação física e da maneira que começáramos a construir o que seria utilizado para a ação vocal, empregamos, então, uma analogia com os termos musicais que designam a dinâmica da música: ao aplicar sinais de dinâmica é possível *graduar a intensidade sonora na execução musical*[4]. Desse modo, escolhemos sete desses sinais de dinâmica e os distribuímos em uma escala equivalente aos sete estados de energia.

Para o ritmo, desde o princípio, tínhamos a ideia de utilizarmos o conceito estudado de ritmo *jo-ha-kyū*, visto que encontramos neste a melhor maneira de visualizarmos o desenvolvimento rítmico no espaço. Por ora, considerando

---

4. O. Lacerda, *Teoria Elementar da Música*, p. 49.

que o Kyu é o ápice do desenvolvimento do ritmo, fragmentamos os outros dois primeiros, de modo que obtivéssemos sete momentos, assim ajustando e coincidindo a escala de valores utilizados para os outros dois gráficos.

Desse modo, ficaram definidas as escalas de valores que deveríamos utilizar para a graduação dos eixos das ordenadas dos três gráficos.

Com a escala de valores construímos os gráficos, um a um, atribuindo a cada trecho entre quebras um valor correspondente à intensidade predominante no intervalo avaliado. Como resultado de todo esse trabalho desenvolvido, chegamos à elaboração dos primeiros gráficos do estudo.

Diante de tais gráficos foram constatados reparos necessários. Verificamos que, se quiséssemos utilizar o conceito de *jo-ha-kyū* como parâmetro para a elaboração gráfica do ritmo, não poderíamos continuar com a divisão realizada anteriormente, visto que esta não propiciava o desenvolvimento do clímax.

Enquanto os outros dois primeiros momentos do *jo-ha-kyū* compreendiam uma variação de trezentos pontos na escala, o último poderia variar apenas cem pontos, o que não se adequava aos princípios do conceito.

Tornou-se, assim, necessário que a divisão da escala, ao invés de se realizar em sete partes, fosse reestruturada em nove, de maneira que cada momento *jo-ha-kyū* possuísse três degraus de desenvolvimento na escala.

Refeita a divisão, notamos que, se ainda desejássemos estabelecer uma comparação entre os gráficos, seria necessário reelaborar as escalas dos outros dois, para assim evitarmos cálculos matemáticos mais complexos no estabelecimento de uma proporção entre as escalas, e também para não haver possibilidade de conflitos quanto a seu funcionamento e utilização.

Na reelaboração das escalas foram retomadas as discussões quanto às denominações que deveríamos utilizar em cada uma. Em relação aos gráficos de "ação sonora" e "desenvolvimento rítmico", estabelecemos que as designações eram sim apropriadas, sem necessidade de alterações, apenas a adição de dois outros sinais de dinâmica na escala sonora para que esta também se constituísse de nove partes.

Feitas as alterações, chegamos aos "modelos" dos gráficos que seriam produzidos e utilizados na etapa seguinte, no momento das análises e elaboração dos resumos críticos de espetáculos.

Obtivemos, então, um gráfico de vetores de abscissas e ordenadas definidos, com possibilidades de sobreposição para análise de divergências e similaridades, já que os vetores-intensidade (y) e vetores-tempo (x) de cada um deles encontravam-se com a mesma escala de valores absolutos.

Intensidade de Ações Físicas

QUALIDADE	VALOR
Neblina	0 – 100
Exaustão	101 – 200
Relaxamento	201 – 300
Suspensão	301 – 400
Econômico	401 – 500
Atitude	501 – 600
Decisão	601 – 700
Hipertensão	701 – 800
Pedra	801 – 900

Intensidade Sonora

QUALIDADE	VALOR
Pianississimo	0 – 100
Pianíssimo	101 – 200
Piano	201 – 300
Meio Piano	301 – 400
Médio	401 – 500
Meio forte	501 – 600
Forte	601 – 700
Fortissimo	701 – 800
Fotississimo	801 – 900

Ritmo

QUALIDADE	VALOR
Jo Gama	0 – 100
Jo Beta	101 – 200
Jo Alfa	201 – 300
Há Gama	301 – 400
Ha Beta	401 – 500
Há Alfa	501 – 600
Kyu Gama	601 – 700
Kyu Beta	701 – 800
Kyu Alfa	801 – 900

Mais tarde, essa sobreposição nos fez ver que existe no espetáculo *O Príncipe Constante* uma grande unidade, pois as variações de picos e vales dentro das escalas nos diferentes gráficos ocorrem, se não de modo idêntico, pelo menos de uma maneira bastante semelhante em todo o desenvolvimento da obra.

Achamos, ainda, necessário analisar o espetáculo em outros dois aspectos além dos descritos acima: a verificação do conjunto de *puncta* no espetáculo e também a verificação de *repetições*.

Uma possível definição para o conceito de repetição, utilizada por nós dentro do contexto de análise, seria a de toda e qualquer ação que segue uma circularidade estável, mas aberta à mutabilidade – e, portanto, seria melhor dizer, uma hélice mais ou menos estável que retorna em momentos específicos, ou ainda uma repetição rizomática –, e que pode se manifestar na microestrutura corporal do ator e/ou na macroestrutura do espaço cênico. Percebemos que a montagem de *O Príncipe Constante* continha uma construção bastante calcada em repetições, tanto em termos de cenas como nas próprias ações de cada "personagem". Tais repetições também evidenciavam para nós, de certa forma, procedimentos específicos de montagens e escolha dramatúrgica. Achamos útil buscar encontrar uma maneira de representar essas repetições também nos gráficos, para análise de sua função poética na construção espetacular.

Já o conceito de *punctum* se inspira em uma ideia de Roland Barthes, que designa por esse nome um ponto específico em uma foto que atinge, punge o observador, e o leva a uma percepção do todo. O *punctum* corresponderia então a um detalhe metonímico e expansivo, que age sobre a percepção sensorial e mnemônica de quem o vê.

Em relação ao trabalho do ator, corresponderia a um ponto específico na sua musculatura pelo qual ele é capaz de atualizar ações orgânicas (matrizes) vivenciadas em preparação, ensaios e espetáculos. No que concerne ao espetáculo, assunto sobre o qual nos debruçamos mais atentamente, os *puncta* corresponderiam de modo equivalente às fotos de Barthes, ou seja, seriam momentos determinados com a capacidade de sintetizar toda a experiência sensório-emotiva causada pelo espetáculo. O *punctum* atoral está ligado às múltiplas relações desenvolvidas pelo corpo-em-arte, intensiva e extensivamente, enquanto o *punctum* espetacular depende da relação com o público e se liga a este não tanto por certos efeitos e impressões causadas, mas principalmente pela possibilidade do aumento de potência que o espetáculo proporciona enquanto encontro com o espectador.

Facilmente já vemos aqui um problema praticamente insolúvel em relação a uma "observação" desses *puncta* espetaculares: se eles estão relacionados com os afetos provocados pelo encontro e ampliação de potência em cada observador, só podem ser uma experiência extremamente singular e de quase impossível aferição qualitativa ou quantitativa. A única saída: cada analisador ou comentador (no caso, os bolsistas de iniciação) tratarem os *puncta* como espectadores, aferindo sua própria experiência no encontro com o espetáculo. Essa singularização de experiência na análise ficou clara quando confrontamos os *puncta* escolhidos por cada um na análise do espetáculo *O Príncipe Constante* (único analisado conjuntamente por todos os analisadores). Tornava-se claro, nas palavras e ações de todos os pesquisadores envolvidos, que ocorriam exaltações como quem defende o seu livro favorito nas discussões sobre os *puncta* espetaculares. Ficou claro que um distanciamento "total" não existe. Se na física quântica, território absolutamente científico, a participação do observador é fundamental, o que dizer sobre a análise de uma obra justamente em um vetor de análise de sua afecção possível na singularidade do encontro?

Sabemos que um *punctum* espetacular tem características tão próprias que cada vez mais o particularizam, diferenciando-o das maneiras de se analisar um *punctum* na ação física singular do ator. O maior fator de diferenciação entre estes dois corpos – espetáculo e ator – é que o segundo é analisável na observação de uma singularidade e nas relações dessa singularidade consigo mesma, para, a partir daí, seguir uma seta de afetação com o exterior, ou seja, encenação e público. Já o primeiro só é passível de estudo se considerarmos desde o início as múltiplas relações criadas pelo evento teatral, na relação dinâmica e instável de seus componentes, ou seja, um *punctum* espetacular somente pode ser verificado dentro dessa zona de turbulência do fenômeno teatral, e de uma maneira sempre singular. O espectador, ou seu conjunto, nesse caso, é condensado na figura do analisador. Podemos ainda refletir que o *punctum* espetacular é como uma explosão que ecoa e liga o encontro na zona de turbulência das micropercepções. O *punctum* espetacular é uma explosão de invisibilidade; ele nunca ocorre somente pela força de uma agressão física ou verborrágica, nem pela beleza plástica de uma cena. Para ecoar como uma explosão, deve conter em si, sintetizado, as mais diferentes linhas de construção sobre as quais foi baseada a sua concepção: a organicidade das ações físicas e/ou vocais compostas pelos atores, seu ritmo fundamental e sua poética. Enfim, podemos dizer que os *puncta* espetaculares são curvas ascendentes de potência explosiva virtual na dramaturgia do espetáculo. Nada a ver com o "clímax" dramático, mas aproximando-se de curva explosiva dramatúrgica de forças "energéticas", no espaço-tempo poético que pungem, afetam o espectador de uma forma ou outra. Forças essas virtuais e invisíveis, porém jamais transcendentes – sempre imanentes à forma-força do espetáculo.

Sabemos, portanto, que os *puncta* espetaculares – uma forma mais clara, mas podemos dizer isso de todos os valores atribuídos aos gráficos – são simplesmente uma experiência possível e singular de cada analisador, mas nem por isso menor ou menos importante. Seria como uma especulação de valor singular com potência futura comparativa. Nossos gráficos e análises – que isso fique totalmente claro! – não possuem qualquer pretensão de verificação geral ou totalizante de nenhuma das obras analisadas. São apenas um experimento.

Análise: O Príncipe Constante

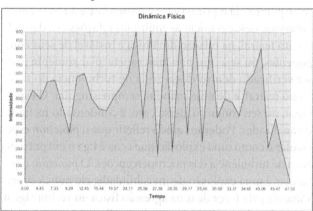

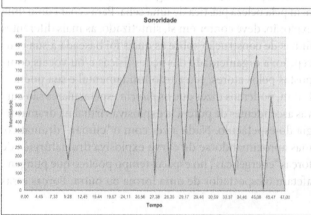

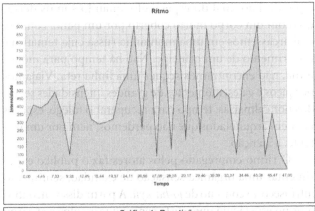

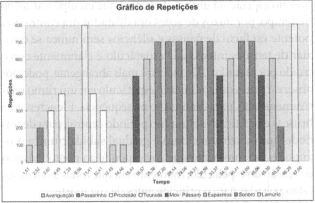

Ao verificarmos os gráficos, nos deparamos com um espetáculo extensivamente rico, de coloridos vocais, gestuais, sonoros, rítmicos e espaciais, o que pode ser notado com a variação que as linhas adquirem nos gráficos realizados. Repleto de repetições e códigos, ele é extremamente musical. Rigoroso no desenho que constrói, no artesanal trabalho de juntar fragmentos, ele nos dá a ilusão de totalidade. Partituras são criadas tanto no corpo do ator como no espetáculo como um todo.

Não conseguimos passar ilesos por essa trajetória. Somos amarrados de tal maneira que respirar, de fato, só é possível ao final do espetáculo, quando somos deixados com um corpo morto coberto por um pano; como se embarcássemos em uma montanha russa cuja temática é o sofrimento de um príncipe. Não há tempo para monotonia, não encontramos sequer uma linha reta. Viajamos por picos e vales, momentos de grandes intensidades seguidos por calmarias: tempo para recuperar o fôlego, espaços tão bem arquitetados que não perdemos, nem por um instante, a atenção.

O ritmo empregado pelos atores faz o público experimentar uma orgânica sensação de exatidão, sentimento intrínseco ao conceito de *jo-ha-kyū*. A partir disso encontramos no espetáculo um artista cênico que esculpe seu corpo no tempo, por fluxos de ações ora dilatados ora contraídos, potente no fluxo de pausas e silêncios sem nunca se esvaziar de tensões intensas. O espetáculo é claramente construído por *jo-ha-kyū*. De maneira mais abrangente, podemos observar que o diretor inicia o espetáculo em um ritmo relativamente alto, para diminuí-lo na sequência. Ele acrescenta bruscas e repetidas rupturas no período central, para depois poder introduzir uma longa e gradual subida rítmica próximo ao fim, momento que corresponde ao ponto máximo de tensão do espetáculo; momento em que todas as atenções estão voltadas para o príncipe antes de sua morte.

Visualizamos, então, dois momentos de grande intensidade. Primeiro, o que chamamos de sofrimento do príncipe, compreendendo um longo trecho dos 25 aos 31 minutos, aproximadamente. Encontramos cenas intensivamente sonoras, que chegam a incomodar os ouvidos, pinceladas por pequenos momentos em que o silêncio é quase sepulcral. Esse trecho da peça é recheado de imagens memoráveis. Podemos observar no decorrer do espetáculo uma infinidade de imagens com grande poder visceral, plástico e iconoclástico, mas esse trecho em particular se utiliza mais claramente de imagens familiares ao consciente coletivo, de caráter religioso e universal, remetendo-nos ao sofrimento de Cristo e sua crucificação. O corpo do príncipe é apoiado sobre a plataforma: de costas para o público, com os braços abertos ele apanha, é chicoteado com o mesmo pano que lhe dará conforto em cenas seguintes. Uma mulher terá em seus braços o príncipe como na escultura de *Pietá*.

O segundo momento de extrema intensidade é aquele próximo ao fim: palmas, gritos, risadas escandalosas, um corpo hirto e mãos tremendo. Podemos observar, em seu último monólogo, a riqueza de detalhamentos na construção do príncipe; elementos que foram introduzidos aos poucos no decorrer da peça aparecem agora como características marcantes. Já esperamos, ao final de sua fala, seus espasmos, as pernas "em borboleta" e a descida lateral. E se nos atentarmos às outras personagens, veremos que elas também têm, individualmente, traços precisos e distintos, ritmos cuidadosamente arquitetados e movimentações bem características, tanto em termos de ação física como também nas ações vocais.

Grotowski, em sua busca pelo "teatro pobre", se utiliza apenas do essencial, do necessário. Os sons serão exclusivamente produzidos pelo corpo humano, e este, sem o auxílio de tecnologias, variando em intensidades e tons, alcança um colorido assustador: desde sussurros guturais até sons agudíssimos de aves de rapina, sons de passarinho que permeiam de quando em quando o espetáculo, melodias acompanhadas pela percussão dos pés, não fazendo apenas a base musical, mas inseridos na movimentação da cena. Desenvolvem-se falas, diálogos, coros de onde parecem emergir canções. Sonorização que age em tensão em uma construção absolutamente dinâmica. Ao fazer os gráficos percebemos muitos graves e agudos contrapostos e como o espetáculo apresenta nuances e riquezas rítmicas. Deparamo-nos com uma orquestra intensa invadindo nossos ouvidos.

A primeira cena é uma averiguação de um prisioneiro, vítima a ser estudada. Estamos em uma caixa dentro de uma caixa; observamos em terceira pessoa, ou seja, observamos o observado e aqueles que observam. A disposição

207

do palco já é feita de forma a sugerir a espionagem de um ato proibido: vemos de cima, mas como se estivéssemos em uma arena de touros ou um anfiteatro das salas de operação, como no quadro *Anatomia do Dr. Tulp*, de Rembrandt. Temos a sensação de sermos cúmplices de todos os acontecimentos sem nada fazermos, responsáveis pelo simples fato de estarmos presentes ali, cientes de verdades e injustiças, membros daquela sociedade. E é como se aquela averiguação fosse corriqueira, recorrente. Chegamos a essa conclusão com a chegada do segundo prisioneiro, o príncipe, em que gestos e processos são repetidos como em um ritual. O que difere é o objeto de estudo: ele não é considerado "um dos nossos". A peça se desenvolve por ele não ser "um dos nossos".

No começo podemos detectar friamente as mudanças de cena, o que se torna cada vez mais difícil à medida que as tramas vão sendo costuradas. É como se mergulhássemos em um tobogã e ele fosse adquirindo velocidade. Causa e efeito misturam-se em potência, ou melhor, ação e reação fundem-se em afeto (que afeta!); os respiros cedidos ao público tornam-se cada vez menores e lhe é exigida maior atenção, pois se inicia um processo de contraposição de ações que, separadas, não tem ligação alguma, mas que constroem uma nuvem de sentido quando justapostas. Dizemos nuvem de sentido porque não é claramente legível, não diretamente ligado ao consciente, mas contém uma experiência difusa. Caminha-se de uma imagem a outra, em um processo de montagem que fica evidenciado na sequência de sofrimento do príncipe. Para essas bruscas rupturas o pano é utilizado como grande código e único objeto de cena, de força abismal, utilizado para cobrir, consolar, bater, prender, instrumento de toureiro e tortura.

A peça afunila-se: no começo encontramos muitos diálogos, procissões em torno da plataforma central; no final a figura do príncipe torna-se cada vez mais dominante e evidente aos nossos olhos. Nesse trabalho, focalizado no conjunto, dinâmicas diferentes são sobrepostas em uma única cena: enquanto o príncipe sofre indo ao extremo de sua possibilidade física e vocal, outros dançam à sua volta, de forma suave e alegre. Essa maneira de introduzir ações simultâneas é notável, porque elas se contradizem e se completam ao mesmo tempo, causando uma espécie de estranhamento que leva à vivência-experiência de uma força. Nesse nível o espetáculo atinge uma potência cujas micropercepções eclodem em uma zona de turbulência estrondosa.

Grotowski utiliza bem os planos. Encontramos atores falando tanto com o rosto grudado ao chão como em pé sobre a plataforma, que é utilizada das mais diversas formas, como local de sacrifício, assento, palanque. Existe uma preocupação especial com a questão do espaço. O espetáculo é repleto de repetições que são articuladas de maneira a serem assistidas de diferentes ângulos: aquele que se mostrava frontalmente a câmera, quando reaparece, evidencia suas costas. A ação faz uma rotação pelos quatro cantos da "arena-anfiteatro", e a movimentação em círculo é muito utilizada.

Não podemos determinar quais os *puncta* que certamente afetarão o espectador, eles podem diferir de um para outro pelos mais dispares motivos, mas podemos especular de forma livre sobre alguns momentos que carregam consigo a percepção do todo. O gemido gritado do príncipe está presente de maneira intensa em um grande trecho do espetáculo, e quando, na parte final, ele o repete apoiado na plataforma em situação distinta e por alguns segundos, é como se aquele breve momento nos remetesse a toda a sua trajetória até então; é como se revivêssemos toda a intensidade do espetáculo em uma ação. Essa ação física e possível *punctum* espetacular adquire grande potencial. É recorrente o comentário sobre tal ação vocal nas pessoas que assistem à peça. Consideramos esse como o mais forte dos *puncta* presentes no espetáculo, e, arriscamos esboçar outros mesmo tendo em mente que tais momentos podem variar de espectador para espectador.

Observamos os gráficos e vemos linhas que sobem e descem, rápidas, num zigue-zague constante. Nuances e variações sem excesso ou exagero, que possibilitam ao público uma vontade de embarcar novamente em tal montanha-russa, perceber os detalhes que fugiram da vista, dos ouvidos, dos sentidos e das zonas de forças de micropercepção que são lançadas vorazmente na zona de turbulência. São obras primas aquelas em que, ao terminá-las, temos a sensação de que devemos revê-las, como um universo sempre aberto a novas explorações, como um novo pôr do sol. Acreditamos que esse espetáculo seja uma delas, e que sua organicidade se encontre em sua rica construção, embasada em uma dramaturgia completa: de ator, de diretor, de texto, de espaço, que nesse caso dá alicerce ao espetáculo.

OXYRHYNCUS EVANGELIET[1]

O Evangelho de Oxyrhyncus é o décimo segundo espetáculo do grupo Odin Teatret, feito em 1985, com direção de Eugênio Barba. O grupo teve início em 1964, quando o diretor, com o intuito de iniciar pesquisas teatrais direcionadas para o trabalho do ator, entrou em contato com pessoas de uma lista de desclassificados pela Escola Teatral de Oslo.

Barba tinha passado um período acompanhando as pesquisas teatrais de Grotowski e estava interessado em começar seus próprios estudos. Voltara do continente asiático fascinado com as danças e técnicas orientais e buscava uma maneira de utilizar os elementos e os princípios corporais e musicais dessas artes para a sua criação cênica.

Fugindo de um enfoque textocêntrico, ele se utiliza de um material classificado como pré-expressivo e coletado em pesquisa de campo. Seus espetáculos se baseiam

---

1. Escrito com Larissa Nogueira Moser.

na construção de um "texto do espetáculo" em que, através da ação, da relação de ator para ator e de ator para com o público, assim como da distribuição e do uso do espaço, iluminação, ritmo etc., se constrói uma dramaturgia cênica. São espetáculos que tratam mais de um "enigma vivo" do que de uma montagem ou de uma "representação". O grupo Odin Teatret possui característica nômade, tendo viajado pelo Oriente e América Latina com o objetivo de conhecer diversas culturas que se utilizam da dança, da música e da teatralização em seus rituais e cujas representações possuem um alto grau de estilização.

Eugênio Barba tem extensos trabalhos no campo teórico teatral. Ele, além de promover palestras e encontros, também publicou obras de Grotowski e livros de autoria própria, como a conhecida *Antropologia Teatral*, voltados para a explanação e exemplificação de conceitos e técnicas para o trabalho do ator.

No livro *Além das Ilhas Flutuantes* encontramos um capítulo sobre seu trabalho que discorre, em linhas gerais, acerca dos assuntos tratados no desenvolver das cenas. O texto é pertinente para a compreensão de *O Evangelho de Oxyrhyncus* décadas depois, uma vez que não temos mais os mesmos referenciais. Atentando-se para a trajetória de personagens como a do judeu Chassid, que vai em busca do Messias e ao penetrar um mundo no qual um outro messias já havia se estabelecido chega à conclusão que a paisagem que o rodeia está cheia de verdades enlouquecidas. Ele, então, continua a esperar a chegada do seu "verdadeiro" Messias. Antígona realiza seu inútil ato de espalhar um punhado de pó sobre o cadáver de seu irmão. Ação vazia e ineficaz contra o horror, mas de caráter simbólico, à qual Eugênio Barba recorre em frequentes referências à heroína.

Sabemos por meio dessa análise que existe uma provocação indireta feita a Stálin quando, no meio do espetáculo, a figura do Inquisidor o interrompe para falar a frase: "No princípio era Ideia e a Ideia estava com Deus, e a Ideia era Deus. A Ideia é uma devoradora de homens e por isto o homem Lhe é imolado". Referência que se perde ao assistir ao vídeo do espetáculo nos dias atuais fora de seu contexto histórico e sem a dimensão do comunismo como uma ideia posta em prática na forma de doutrina. Esta é uma das únicas frases inteligíveis do espetáculo, pois as falas são desenvolvidas em línguas incompreensíveis ao espectador, buscando ressaltar a importância das ações.

Em *O Evangelho de Oxyrhyncus* somos, primeiramente, apresentados às personagens e ao tema para, a partir daí, assistirmos ao desenvolver de uma trama. As figuras precisam ser reconhecidas e observadas, pois a carga simbólica que carregam consigo traz sentido à peça. Tomando conhecimento da dimensão de seus atos, assim como suas significações, fica clara a junção de personagens tão distintas, causando interesse e curiosidade em acompanhar os encontros propostos. Tais figuras pertencem ao legado da humanidade, suas histórias resistem aos séculos e ainda hoje se apresentam vivas em nossa sociedade.

Um espetáculo teatral é algo dependente de uma atualização que ocorre no tempo presente; é uma relação direta entre ator e espectador, criando uma zona de turbulência, que permite ao observador escolher o seu foco. Explicita-se nesse vídeo, em especial, a perda de grande parte dos detalhes, complementações introduzidas pelas personagens, reações à ação central que introduziam uma nova camada de compreensão e crítica, pois cada figura está constantemente se posicionando perante os fatos. São esses posicionamentos que trazem força às cenas, razão pela qual encontra-se, de alguma maneira – em todos os *puncta* desse espetáculo –, a participação do todo, presente em pequenas ações (e reações) expressivas e vocais.

As imagens estão vinculadas a um alto grau de fanatismo, determinação e fé. Somadas a elas, o coro introduz sutilmente um contraponto animalesco. Uma nova imagem que afeta o espectador, fazendo-o pensar sobre o que se apresenta em destaque. Sacro e profano, assim, dialogam.

Encontra-se, como no símbolo japonês do yin e yang, um pouco de um no interior do outro, e vice-versa.

O espetáculo é um sincretismo de elementos tradicionais e ritualísticos de diversas culturas. Seu desenvolvimento é marcado por danças e cantos, que caracterizam as figuras, sendo também uma forma de apresentar seus traços, suas crenças.

Na peça, temos uma noção de "tempo" distinta, não linear: em um lugar não explicitado se encontram Joana D'Arc, Antígona, figuras das crenças judaicas e do próprio evangelho cristão. Desde o início está presente no espetáculo um barulho de tique-taque de relógio constante, além de um relógio sem ponteiros que soa badaladas em alguns momentos, responsável por grifar a ideia de um acontecimento sem determinação temporal.

Os objetos de cena têm características marcantes; uma forte relação de apego, adoração e temor é construída entre eles e os atores, com destaque para as pedras, velas e facas.

A maior amplitude de variação se encontra na sonoridade do espetáculo. Muito utilizada e rica em texturas, ela obedece sempre a certo padrão que vai do silêncio preenchido com o som do relógio a um canto mântrico em conjunto. Por tal característica, torna-se repetitiva e até mesmo cansativa com o decorrer do espetáculo. Isso também ocorre porque toda a utilização sonora é fortemente detalhada e enfatizada. No início a utilização de sons peculiares se apresenta como novidade e entorpece os sentidos, mas esse recurso começa a pecar em variações depois de dez minutos de espetáculo, retomando uma partitura um pouco mais funcional em seu período central e voltando à mesma regra de variação no final. As aparições sonoras nunca ocorrem de maneira tímida, são sempre fortes e exóticas.

Atentando-nos para as curvas desenvolvidas pela ação física, percebemos uma variação média: os atores acabam por transitar em uma faixa de intensidade que oscila de acordo com a construção de suas figuras, as quais possuem traços individuais bem delineados, variando rítmica e energeticamente. A ação-dança está presente em todos, em maior ou menor grau, fazendo parte da linguagem desenvolvida pelo grupo. É uma gestualidade precisa e estilizada, realizada com destreza pelo espaço. O número de maior intensidade ocorre no início do espetáculo e no final da apresentação, e culmina na constatação de muitos "extraterrestres" em um mesmo espaço, que se mostram com toda a sua vitalidade.

O aspecto mais problemático do espetáculo se evidencia em sua construção rítmica espacial. Aspecto que é resultado, acreditamos, dos padrões apontados pelos dois outros gráficos. Essa repetição de recursos em seu desenrolar vai colocando o espectador na rotina, sem surpresas. No início percebemos uma grande série de variações: riquezas de elementos e de plasticidade; com a manutenção destes a novidade acaba se tornando monótona, o que não exclui o mérito das imagens que o espetáculo possui: percebidas em separado e ao pensar do ponto de vista da construção do ator e do corpo-em-arte, evidenciam um alto nível de técnica e recursos poéticos. Até mesmo se pensarmos na dramaturgia da ação física e na maneira como são inseridas as repetições no decorrer do tempo, fica evidente um pensamento minucioso e complexo sobre a construção da obra, porém um orgasmo prolongado por grande período de tempo torna-se insuportável. Seriam necessários períodos de respiro e calmaria, o que aqui é raridade. Basta repararmos na imensa quantidade de *puncta* para percebermos uma cena mais pungente que a outra. Estes também precisam de dosagem para que possam ser bem apreciados.

Em *O Príncipe Constante*, espetáculo de Grotowski, a construção rítmica espacial era exemplar, pois não se apresentava nem constante em um único padrão, nem variando sucessivamente. Possuía apenas um grande *punctum*, apesar de repleto de cenas notáveis.

O cenário de *O Evangelho de Oxyrhyncus* é composto por uma passarela central e um invólucro vermelho encerra atores e espectadores. A utilização da luz evidencia e grifa a forte cor do tecido, contribuindo para aumentar a carga dramática das cenas e trazendo atmosferas de elevada intensidade, assim como rupturas bruscas de um ambiente a outro. Cores primas são as mais utilizadas.

As repetições se configuram com o manusear dos objetos, que introduz, aos poucos, a pesada densidade de sua presença. A história se desenvolve principalmente em torno de Antígona e do judeu, que contracenam com e contra o Falso Messias, Joana D´Arc, o Inquisitor e Polinices.

Ferdinando Taviani, no mesmo livro *Além das Ilhas Flutuantes*, atenta-nos para as questões polêmicas da época tratadas pelo espetáculo. "Era um espetáculo vermelho e preto", diz o autor, "escondia, sob imagens estupeficantes, um olhar horrorizado". A obra é o extremo de uma proposta iniciada em um espetáculo feito pelo grupo anteriormente, que tratava de Brecht, alertando ironicamente os espectadores contra diversas seduções em uma passarela da História.

Sem dúvida o espetáculo nos faz pensar sobre questões de religiosidade e fanatismo de uma maneira inusitada e interessante. Uma cena notável, nesse sentido, se apresenta na parte final do espetáculo: a imagem da Santa Ceia. Todos bebem do cálice de vinho que escorre como sangue por suas bocas. A sagrada refeição se transforma em ritual antropofágico e seus integrantes se assemelham a vampiros. A contradição está sempre presente, uma figura festeja algo que não tem nada para se festejar, inimigos se beijam, orgasmos intensos de tempos em tempos, não há como não ser afetado e modificado por tais cenas.

No início tudo é penumbra, uma névoa revela, aos poucos, seus habitantes, que aparecem repletos de mistérios e situações ainda por viver. No fim, a luz forte não deixa dúvida, tudo acontece às claras e as crenças e certezas cegas dos homens nos admiram e incomodam.

216

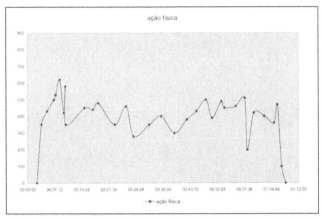

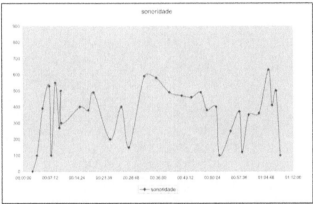

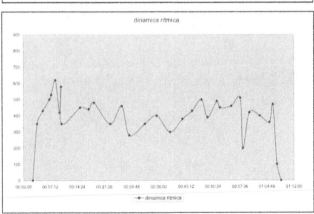

A CLASSE MORTA[1]

Velhos mortos, abandonados no vasto território do esquecimento, sentam-se nas cadeiras de uma antiga escola. No espaço, bancos escolares, personagens de uma antiga classe, de uma época em que as fotos eram em preto e branco. Elas são as próprias fotos, captadas e apreendidas como uma imagem, eternas.

Na escola, a figura do professor, da faxineira, os ditados, as brincadeiras, a descoberta da sexualidade e de toda uma engrenagem de relações corresponde ao microcosmo do que vem a ser a "sociedade". Nessa época escolar os papéis são bem determinados, cruéis e crus. Contexto conhecido e assimilado pela maioria de nós, cravado na memória por cores intensas, disparador de uma série de sentimentos. Se colocássemos em cena crianças, nesse contexto, a boa abordagem da temática já seria capaz de transportar

---

1. Escrito com Larissa Nogueira Moser.

o espectador para uma experiência reflexiva e sensitiva da crueldade das brincadeiras infantis, trazendo também sentimentos nostálgicos, as possibilidades de futuro apontadas, o desenho perfeito em menor escala do mundo etc.

O que temos nesse espetáculo é uma partitura de ações e comportamentos que nos remete ao universo infantil escolar, abarcando, portanto, toda a ideia do parágrafo anterior, mas com a distinção de que essas partituras são feitas por figuras velhas, o que reconfigura, sem anular, toda a gama de sensações e significações possíveis ao apresentar uma nova temática. Essa combinação já tem em si um alto potencial para produção de virtuais, pois contrapõe dois universos que são, de certa forma, antagônicos. A criança é aquela repleta de possibilidades, enquanto o velho já fez a maioria de suas escolhas. Seu caminho já está completamente traçado e resta a ele esperar a última possibilidade concreta: a morte. A sensação é de um universo sem futuro, sem perspectiva, estagnado no tempo, retrato de uma estrutura de ensino morta, engessada e decadente.

Esses velhos ora estão cheios de vida, ora prestes a dar o ultimo suspiro, fazer a última pergunta. Carregam bonecos e dividem esse espaço com eles. Os bonecos são crianças: imóveis, inexpressivas, congeladas. Serão elas suas antigas infâncias? Seus fardos? Aquilo do qual não querem se desfazer jamais? Ou simplesmente entulhos com os quais não se sabe o que fazer, onde colocar?

Não pensamos no desenvolver da história das figuras que estão ali, porque temos a sensação de um constante devir e de que não há uma relação causa-consequência. Entramos em um rito que nos faz pensar sobre a vida, sobre essa estrutura. A figura de Tadeusz Kantor entra aí com a responsabilidade de personalizar aquele universo, conectando essa estrutura em constante sublimação a uma existência concreta e real: tudo faz parte da memória de Kantor. Temos a sensação de que aquelas personagens realmente existiram, de que foram crianças, tornaram-se velhas e morreram; as que Kantor os encontrou em diversas fases de sua vida e os registrou imutáveis através de tantas transformações em seu inconsciente/consciente, na sua memória.

Kantor consegue concretizar o mecanismo da memória em cena, dando materialização a esse universo impalpável e caótico a ponto de dizermos: é exatamente assim que acontece. Estou vendo o pensamento, o passado, a morte, tantos nomes apenas imaginados, especulados, ganhando corpo diante de meus olhos.

Foram observadas duas versões do mesmo espetáculo, produzidas em épocas distintas e com atores diferentes. É impressionante como, apesar de manter a mesma estrutura, são obras distintas. Podemos perceber o desenvolvimento da poética, assim como a trajetória das pesquisas de Kantor ao compará-los. No da primeira fase o temos como um maestro entusiasta, absorto no espetáculo. Sua participação é ativa na construção do tempo, no pontapé das situações. Os atores são seu próprio instrumento. Nessa época, é como se eles fossem caracterizados mais por serem os instrumentos do que seus tocadores. Desenvolveram em seus corpos partituras e características para serem tocadas, como se um assumisse o papel do violino, outro o da flauta e assim por diante, e todos fossem instrumentos de uma orquestra, ensaiada, mas ao mesmo tempo aberta ao improviso; e o maestro, além de reger, fosse capaz de tocar todos esses instrumentos-marionetes. Kantor dialoga com a ficção ao mesmo tempo em que faz parte dela: temos a impressão de que ele está se debatendo, que aquelas são pessoas trancadas naquele lugar eterno e imutável de seu cérebro, limitadas até o momento em que decide trazê-las a vida, reconfigurá-las, fazê-las experienciar outra coisa, arranjar novas combinações, tirá-las do marasmo, do mesmo. Não como manipulador frio. O que acontece ali nos transmite a impressão de que aquilo o impressiona e o sensibiliza a cada segundo, de que suas ações são tomadas a partir do que aquele material diz a ele. Parece que o espetáculo realmente se constrói naquele instante, que, se Kantor quiser, o silêncio irá se prolongar por mais tempo, e de que há a exata noção do tamanho que ele deve ter.

No segundo período, o espetáculo perde grande parte de suas características mais caóticas; Kantor assume um olhar mais passivo. Na primeira fase ele falava junto com a obra, na segunda ele a deixa falar, interagindo com uma postura mais próxima à do espectador, o que proporciona uma leitura completamente distinta. Os atores não são mais "tocados"; jogam o jogo e ganham autonomia. O primeiro tem um grau performático maior, o segundo uma característica mais espetacular. Apesar de perder seu ar de espontaneidade, torna-se mais limpo e mais fácil de ser assimilado. O público é capaz de adentrar em outra estância: a da reflexão.

A estrutura do espetáculo facilita essa característica reflexiva. Ele se configura basicamente em um apresentar de quadros, sendo que tais quadros não têm virtudes somente imagéticas. Em outras palavras: se essa fosse somente uma sequência de imagens intrigantes, o público se apresentaria como um observador passivo se deleitando ao assistir a um desfile de imagens. Muitas vezes encontramos em teatro obras que têm um grande potencial imagético, mas que não se potencializam enquanto obra teatral. A qualidade teatral não está intrínseca e totalmente direcionada ao seu aspecto visual e macroscópico, mas no jogo relacional de forças microscópicas e na presença de um atuador com capacidade de afetar-se e afetar por essas micropercepções. Nesse vórtice intenso o ator diferencia suas microações e assim presentifica uma zona de turbulência criativa que faz interagir atuador e espectador. O que intriga é a maneira como Kantor conecta o universo das artes plásticas ao teatral, construindo uma combinação de fronteira. Kantor consegue fazer uma obra teatral de qualidade que foge das características básicas que dão alicerce à maioria dos espetáculos teatrais que "funcionam". Os quadros que apresenta são vivos, mas repetitivos, não estabelecem uma situação ou um conflito em desenvolvimento, porém possuem um potencial disparador tão relevante que é quase obrigatório que eles não tenham ali desenvolvimento.

Ao mesmo tempo, os quadros não se autossustentam. Se assistíssemos aos quadros em separado, eles voltariam a ter características plásticas. O que faz com que a obra quebre essa barreira é o fato de Kantor ser um exímio "montador". Também aí a obra tem características peculiares, porque sua montagem não contribui no sentido da narrativa, não é uma montagem com princípios cinematográficos em que uma justaposição de imagens bem feita dá qualidade à história a ser contada. Sua montagem é astuta em um plano mais técnico: ao construir música com os corpos em cena, ele nos apresenta quadros que são autônomos entre si, mas organizados de forma a constituir um todo que possui uma coerência temática e rítmica, deixando ao público o papel de construir sua própria narrativa. Em outras palavras: pode-se dizer que ele produz um material com todas as qualidades técnicas para que o público se sinta confortável ao assisti-lo. Utiliza-se delas para fazer uma dramaturgia cênica que foge aos padrões clássicos e coloca o espectador no papel de investigador.

Para exemplificar melhor como a montagem é feita por Kantor, vamos nos utilizar da ajuda gráfica. Os gráficos de uma obra como essa não se desenham facilmente, estando sujeitos a uma gama maior de erros. Os elementos do espetáculo se articulam de maneira complexa e híbrida; somado a isso, há uma série de sequências com um coletivo heterogêneo, o que dificulta uma avaliação mais precisa. A obra tem uma estrutura muito detalhada e de constantes quebras, obrigando, portanto, a uma divisão temporal em momentos de relevância maior. Apesar de essa divisão mais geral não ser ideal, ela vem a colaborar para uma melhor visualização de sua construção, pois nela podemos observar seus elementos em separado e detectar mais facilmente a macroestrutura apresentada.

O gráfico sonoro evidencia principalmente a ação do elemento musical no decorrer do tempo. Eles são poucos e funcionam como um tema que sempre retorna. Foi dado um valor semelhante de intensidade para aqueles que se repetem, sendo apenas modificados a partir da interferência da ação verbal para um pouco acima ou abaixo. Os valores permanecem na mesma faixa porque o som tem um papel ativo e determinante. O gráfico não é fluido, apresenta-se de maneira pontual e seus elementos são poucos. Temos uma única melodia e algumas estruturas que se repetem. Podemos observar três faixas principais de intensidade: a do silêncio, uma que corresponde a uma faixa média e outra mais elevada e escassa. São raros os momentos em que o espetáculo apresenta algo fora dessa estrutura. O que mais o determina é o jogo estabelecido entre o som e o silêncio, contrapondo momentos ruidosos a outros de suspensão.

É comum que o silêncio e/ou a pausa sejam distribuídos em pequenos momentos. Eles servem como forma de respiro, sem prolongarem-se por muito tempo, para que a atenção e a tensão construída não se percam. Muitas vezes prolongam-se, tranquilos, por um longo tempo.

Essa sustentação de certa intensidade, característica percebida tanto no gráfico da sonoridade como no da ação física, apresenta-se devido, novamente, aos quadros. A estrutura do espetáculo é feita para que tenhamos a impressão de que algo é estancado e se transforma. Esse paradoxo aparece na manutenção de uma intensidade que busca sustentar-se o maior tempo possível para, então, se romperem bruscamente para a instauração de uma nova situação.

Porém, em contraposição ao sonoro, o gráfico da ação física é muito rico em variações. Enfatiza a ideia dos "mortos-vivos". Os corpos ora estão repletos de energia, ora quase por um fio. Ao observá-los é possível detectar mais claramente como é sofisticada a exploração desse mecanismo. Realiza-se corporalmente, não é conceitual ou abstrato. Apesar de sempre existir o retorno a um certo nível de energia em que o jogo se estabelece mais facilmente, os níveis de energia explorados pelos atores são muito variados. Kantor utiliza-se do coletivo para poder sustentar uma série de movimentos sutis. Muitas vezes encontramos cenas que são como fotografias vão se reconfigurando aos poucos, com movimentações esporádicas. Há aqui também uma sustentação das intensidades. Sustentação que não ocorre no terceiro gráfico, que é, sem dúvida, o mais complexo. Para que uma estrutura musical simples funcione e uma dinâmica de ação física de pouca energia não se torne tediosa ou enfadonha, é necessário que a rítmica-espacial apresente-se de forma extremamente estruturada.

O gráfico representativo da estrutura rítmica espacial é bem distribuído em toda a sua extensão, não apresentando um padrão muito característico, o que geralmente é comum, ao menos nos espetáculos analisados para este trabalho. Gráficos de ritmo espacial possuem uma estrutura repetitiva de introdução, desenvolvimento e conclusão, variando de um espetáculo para outro no desenho das curvas através do tempo: mais ampla ou abrupta, mais progressiva ou variada, ou em como utiliza as rupturas e as pausas. Aqui é muito difícil detectar esse padrão. Ele parece não apresentar uma estrutura, uma característica própria. Apenas ao observar o gráfico de sobreposição é que começamos a entender seu funcionamento. O aspecto rítmico espacial trabalha como um mediador. Não sabemos bem ao certo como isto se dá, mas ao analisar graficamente é como se o ritmo-espacial trabalhasse em função da ação e da sonoridade, como um regulador de energias. É comum que o gráfico rítmico espacial se assemelhe ao da ação física em termos de quantidade de energia, mas aqui, como o som também esta agindo de maneira independente, ele se desconecta de suas características básicas e assume outro padrão.

Muitas vezes a música, que é apresentada como um tema que se repete constantemente, sem variações, apresenta-se como um empecilho, um obstáculo sonoro ao desenvolvimento da ação. Aqui, o fato de a ação desenvolver-se cada vez mais até chegar a um grau de histeria, enquanto a música permanece a mesma, introduz um grau perturbador e de grande exposição àquilo que se apresenta – um incômodo interessante é causado no público. Isso é ressaltado mais ainda quando o coletivo permanece de certa forma passivo a todo o desespero. Há um paradoxo interessante: ao mesmo tempo que todos permanecem imersos em um mesmo universo e dialogam, com posturas parecidas em muitas situações, também parecem solitários, isolados, perdidos em mundo só deles e que ninguém mais é capaz de adentrar.

A repetição é um artifício poético. Podemos dividir o espetáculo em blocos: os desfiles circulares, os quadros em movimento, cenas conjuntas e individuais, músicas, todos com peculiaridades de eterno retorno. Quadros estruturados que mesclam acontecimentos e respiros; contrapõem cenas coletivas com individuais; ruído e silêncio, imagens com grande movimento e outras quase imóveis. Sempre as mesmas imagens em retorno. Configura-se um universo fechado de característica espiralada.

Assim como em *Que Morram os Artistas!*, conceitos como *punctum* e repetição não podem ser dissecados por fazerem parte da estrutura do espetáculo, sem característica pontual ou excepcional, articulando-se de maneira a fazê-lo transformar-se em uma obra que trabalha contra muitos dos dogmas teatrais, funcionando sem empecilhos práticos, comprovando que arte não se define somente por métodos e técnicas e que a poética pode determinar as escolhas a serem feitas.

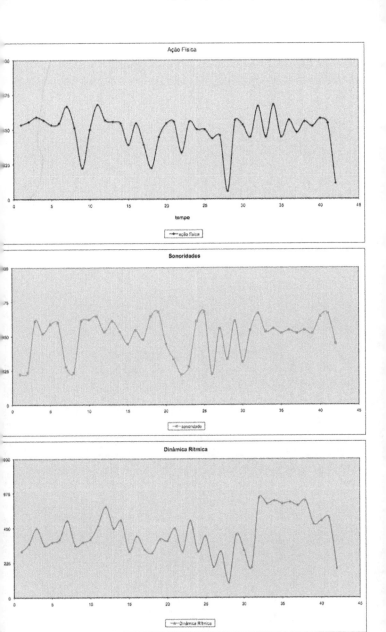

QUE MORRAM OS ARTISTAS![1]

Como abarcar de maneira dissertativa um espetáculo de Tadeusz Kantor? Quanto mais queremos entendê-lo, compreendê-lo, dissecá-lo, mais escapa-nos entre os dedos, resvalando como um peixe, mostrando-nos uma nova e não pensada possibilidade para aquilo que invade nossos sentidos. Aproxima-se mais da poesia do que da narrativa e possui propostas arriscadas: composição de elementos que, *a priori*, têm tudo para desandar qualquer receita, mas que, no entanto, funcionam de maneira espetacular. É capaz de prender um espectador cerca de dez minutos diante de uma mesma sequência repetitiva de ações a se desenvolver com variações mínimas.

Para Kantor o espaço não é um recipiente passivo, mas repleto de energia. Ele cria e contém todas as formas, e até a estrutura espacial mais global da representação está sujeita

---

1. Escrito com Larissa Nogueira Moser.

a recriações. Sentado de costas para a plateia no canto do palco, o artista coloca-se duplamente na posição de espectador e atuante, na medida em que divide uma experiência conosco. Através de suas próprias lógicas e memórias, entramos em contado com as nossas, diante de um mundo nada realista em que tudo se redimensiona, em um diálogo constante com o "impossível".

A impressão é de termos o presente, o passado e futuro conversando como se estivessem numa mesma mesa de jantar. Existe constantemente, no trabalho de Kantor, um jogo com as noções de tempo e espaço: a cama do enfermo se encontra em um lugar repleto de cruzes e, por essa localização, carrega a metáfora do caixão, mesmo não o sendo. O doente ainda está vivo, mas o futuro já está em cena. O passado se apresentará quando o moribundo fizer surgir, diante de seus olhos, a infância. Teremos na figura de um menino o passado entrando pela porta.

Nesse universo a morte é uma presença destacada. Ela convive com os vivos, imponente e multifacetada. São corpos robóticos, mortos-vivos, fantasmas, destroçados e decadentes. Os vivos já parecem mortos, os mortos vivem e aqueles que morreram ressurgem sem sequelas, como se nada houvesse acontecido.

Vícios e melancolias são apresentados através de um humor negro extremamente perspicaz. Esse humor apresenta-se, às vezes, através da lógica cômica circense, com destaque ao jogo realizado pelos gêmeos. Tal lógica se norteia pela utilização da repetição, do absurdo, da descoberta e da surpresa exagerada de coisas simples ou ilógicas. Com os gêmeos é explorada a ideia do duplo, do ser e não ser, visualizando-se no outro.

O riso varia entre amenizar e agravar os assuntos tratados. Há uma sequência em que se descobre que o menino vestido como soldadinho, Kantor na cadeira, o agonizante, e até mesmo o narrador são a mesma pessoa, construindo-se assim um jogo de espelho infinito que, a princípio, se apresenta de maneira cômica; porém a leveza perde sua majestade com as "constatações de morte" do médico, até estar complemente nula na ausência dos corpos: quando o médico os procura, eles não estão mais lá. A cena translada-nos para uma atmosfera completamente oposta à do seu início.

Temos uma ideia, ou melhor, uma temática, sobre a qual o espetáculo se organiza: ele se configura e se apresenta de modo analógico. É a partir do jogo de ações, do ritmo e da música que a trama vai se desenvolvendo. Cada um desses elementos possui uma autonomia e característica própria de linguagem e expressão. São universos que têm certa capacidade de se autossustentar. A partir desses alicerces independentes, o espetáculo conquista sua vitalidade e se constrói na relação dos mesmos: ora conflitando, ora somando, ora constituindo universos paralelos. Tal característica pode ser observada no gráfico de sobreposição. Percebemos nele que cada linha tem independência de fluxo: elas conversam umas com as outras ao mesmo tempo em que solam a sua própria melodia.

Kantor acredita na repetição como o elemento que desenvolve a experiência do teatro. Talvez porque intua que o que se repete é justamente a diferença microscópica das próprias repetições. O eterno retorno do diferente que se diferencia no jogo microscópico da zona de turbulência. Em suas sequências, os movimentos muitas vezes são os mesmos e aparecem de maneira viva e nova a cada repetição, pois se recriam a cada nova investida espaciotemporal. Esse jogo nos coloca no papel da criança que já assistiu várias vezes ao mesmo filme e ainda continua a admirá-lo atentamente com o frescor da primeira vez. Seus espetáculos desenvolvem uma partitura não apenas no tempo, mas também no espaço. O rigor rítmico e melódico dos ciclos permite esse constante repetir em recriação. Kantor parece dominar tal paradoxo – diferenciação na repetição – e usa isso com maestria. Músicas temas acompanham o desfile de figuras bem determinadas, arquetípicas, de poucas e marcantes pinceladas.

Os objetos construídos por Kantor, muitas vezes estranhos e irreais em um universo cotidiano, ganham vida no instante da representação. Essa ação admite que uma série de papéis se transforme em personagem, figura ou *persona*. Como queiram.

Nesse espetáculo vemos um mundo que se desvela em camadas: a sensação mergulha tanto em prazer estético como filosófico-conceitual. Aliás, Kantor comprime esses universos operacionais e os mergulha no ser de sensação do espetáculo.

O cômico e o trágico apresentam-se como siameses e é difícil separá-los. A mãe é bom exemplo de personagem que introduz essa dimensão. Apresenta um aspecto decadente e assiste à maioria das cenas sentada, a ponto de uma das personagens, ao arrumar o ambiente, passar-lhe o espanador para lhe tirar a poeira. Age de maneira discreta, singela, mas nunca deixa de ser notada: seus pequenos comentários são hilários, perceptíveis apenas aos olhares muito atentos. Fala muito pouco, ou quase nada, mas quando o faz se expressa de maneira desesperada, rápida, irritante e ensurdecedora. Uma sonoridade exterior se apresenta toda vez que ela abre sua boca, o que completa sua "característica matraca" e introduz uma nova leitura. Essa sonoridade que a acompanha caracteriza-se por um forte e abafado eco que invade o ambiente e dá a sensação de ser o resultado de seu expressivo falar dentro da cabeça de quem ouve; ou de quem algum dia a ouviu e virtualizou na memória aquela característica.

Os atores em Kantor estão sempre compondo nas cenas. Não existe ninguém no palco sem essa "função de composição". Tal função geralmente é muito simples e específica, sendo que muitas delas se mantêm mesmo no desenvolver das situações: há sempre aquele que limpa o ambiente, aquele que abre a porta. Um deles, o que mais se apresenta na função de abrir a porta, é uma das únicas personagens, no espetáculo, que muda de imagem (mas não necessariamente de função). Ao se apresentar visualmente de formas diferentes, introduz novas leituras à sua figura e a cena.

232

Kantor diz que a vida só pode ser representada na arte pela ausência da mesma, pela presença da morte. Para isto se utiliza de bonecos misturados entre os homens, assim como homens que se confundem com manequins e marionetes. O que interessa a Kantor não são precisamente os atores, mas os processos de singularidades dos indivíduos: homens sensíveis, insatisfeitos, dispostos a entregar-lhe tudo. Não se propõe nem mesmo à realização de um espetáculo ou a criação de um elenco: o que deseja é desenvolver suas ideias estéticas. Para isso se predispõe a um longo processo artístico e busca pôr em prova determinados postulados estéticos, variáveis de acordo com o interesse: cada obra terá seu próprio método.

A imagem mitológica do ator para Kantor é a do comediante de feira, daqueles que fazem palhaçadas nas ruas por dinheiro, os excluídos da comunidade cristã, que no princípio eram julgados pelos teólogos como filhos de Satanás e prostitutas. É um homem exposto a tudo: aos olhares da culpa, do medo e também aos olhos apaixonados daqueles que veem um ser vivo, imagem do homem, da realidade e da ilusão. Seria um ser tão abominado quanto amado.

Marcos Rosenzvaig diz que, certa vez, assistiu a espetáculos que Kantor fez com jovens alunos ou atores de pouca experiência e considerou que não funcionavam não porque faltava o trabalho experiente de um ator, e sim porque eles ainda não eram personagens, não tinham a vida exposta em seus rostos, em seus corpos. Alegando que para Kantor são necessários corpos desgastados, vencidos. Suas personagens assumem sua condição de espírito de quase morte, de essência.

Existem os fatos que deixaram marcas no tempo e que transcendem o relógio; nunca mais esquecidos. Esses nódulos de potência de experiência-vivência retornam e se recriam em espiral. Os soldados formam um coro trágico que carrega nas costas, pela eternidade, todas as expectativas e horrores da guerra. São decadentes e submissos até mesmo para um pequeno garoto de seis anos que os transforma em nada mais do que soldadinhos de chumbo tentando manter-se em pé.

Cada retorno tem a sua melodia: as músicas são como temas de propaganda: impregnam na cabeça e comentam épocas, convidam à nostalgia daquilo que aconteceu apenas há minutos atrás. O moço enforcado é aquele que conhece bem uma única música, cantando-a sempre. Esta se apresenta de forma tão potente que não nos cansamos de desejar que a cante novamente.

Quando observamos os gráficos, logo detectamos a boa distribuição de pausas e respiros, de constância significativa em seu desenvolver. Mescla a imobilidade das cenas com a presença ativa da música. O que aparece de forma repetitiva e cíclica nas cenas não se configura repetitivo nos gráficos, o que comprova a destreza da montagem. Temos uma sensação de algo repetitivo, porém o repetitivo não é dado por estruturas que se repetem. Sustenta-se uma sensação cíclica através de um complexo de seus elementos estruturais, muitas vezes sustentados apenas por uma sutileza rítmica.

Os atores trabalham sempre em uma energia elevada, mas não excessiva, sendo que a linha de desenvolvimento do gráfico das ações não tem uma amplitude muito grande, apesar de apresentar sempre um inédito desempenho. Em um intervalo pequeno observamos um grande número de variações. Tanto o início como o fim do espetáculo apresentam uma dinâmica muito distinta daquela que acontece em seu desenvolvimento. É possível afirmar que, no início, há uma preparação do público para tantas e diversas rupturas de elementos: temos o primeiro ator, que adentra o palco com um conjunto de ações, curioso, um tanto atípico, despertando a predisposição àquilo que se segue, instaurando um jogo com o espaço e dando destaque ao objeto porta, que, além de "dividir cenas", também dará passagem a "aquilo que vem de lá". Ao final do espetáculo a ação física individual não norteia mais a cena, o "coro" torna-se cada vez mais presente e os atores reagem como um todo, mais imersos entre si mesmos do que no início.

Outros elementos e jogos ganham lugar e, ao final, o gráfico apresenta-se de maneira mais inconstante.

O gráfico de sonoridades, em contraposição ao de ação física, apresenta uma extensa amplitude de variação no eixo y. Valores semelhantes foram admitidos às músicas que se repetem, podendo ser possível também, através do gráfico, ter uma noção de sua distribuição musical. O gráfico rítmico-espacial tem uma variação grande nos dois eixos e segue um padrão mais constante.

O espetáculo corre numa navalha, justo em suas radicalidades, assim os *puncta* parecem ser infinitos, de todos os tamanhos, presentes em todas as esferas. Não exagerados, claros e agressivos como em *Oxyrhycus Evangeliet*, mas apresentando-se de maneira subliminar, com um grau tão grande de afetação que é difícil apostar em trechos que possam ser nomeados como "*puncta* coletivos". As figuras, por seu caráter peculiar e instigante, podem ser em si *puncta*, os objetos estranhos, grandes, pequenos, constante e fortemente utilizados podem ser *puncta*. Assim como as músicas, muitas retiradas de hinos ou mesmo fazendo parte da história de povos poloneses, podem disparar no espectador toda uma série de afetações. A guerra, presente na vida de um, o pungirá com o adentrar do coro de soldados, modificados e sempre os mesmos, no decorrer do espetáculo. A doença e a morte vão bailar para muitos outros. Como classificar um universo tão rico de conteúdo? Kantor é uma escola de autenticidade, de radicalidade e de arte na sua maior potência.

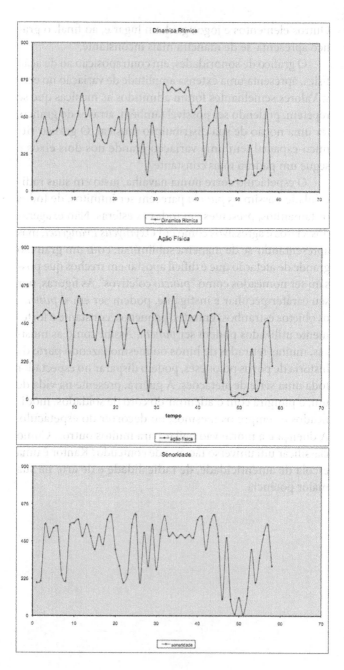

UMA VISÃO DE *O QUE SERIA DE NÓS...* [1]

O espetáculo *O Que Seria de Nós Sem as Coisas Que Não Existem* é concebido dentro de uma linguagem formal híbrida e tem como ponto de partida a mimese corpórea, que consiste na sistematização e codificação de ações retiradas de contextos cotidianos e reorganizadas em contextos cênicos. A direção é de Norberto Presta, diretor argentino radicado na Itália, com experiência em espetáculos cuja concepção parte do material criativo dos atores.

O enredo aparentemente trata de uma situação simples, porém que se torna complexa na sua razão de ser: três amigos, velhos funcionários de uma fábrica de chapéus, se encontram na tentativa esperançosa de criar o chapéu perfeito. Nesse reencontro, surge uma nova presença: um jovem aprendiz de nome Pao é trazido para substituir a

---

1. Escrito com Luciano Mendes de Jesus.

ausência de um quarto elemento: outro velho chapeleiro que falecera.

A peça discorre sobre tensões entre o passado, o presente e o futuro da vida dessas personagens que lutam para manter vivas em si mesmas as memórias que lhes orientam a existência. Envoltos em uma atmosfera semelhante à de uma nostálgica foto que lentamente perde as cores originais.

Para realizar uma explanação dos elementos orgânicos presentes na criação dos atores dentro de *O Que Seria de Nós...*, partimos da observação de dois fundamentos que desenvolvemos no âmbito da nossa pesquisa: o *punctum* e a repetição. A observação desses elementos nos levou a outro conceito: o princípio de equivalência.

Dentro do espetáculo, o princípio de equivalência está presente em todas as construções formais dos atores, que a partir do processo da mimese corpórea corporificam personagens criadas através da observação de corporeidades e fisicidades cotidianas e reais, colocando-as em contextos cujas dimensões físicas (o corpo do ator e o corpo do espetáculo) são extracotidianas. Soma-se a isso a inserção dessas figuras em um universo ficcional dado pela dramaturgia, que propõe uma linguagem realista de encenação.

A construção da personagem Pao, o jovem aprendiz, pela atriz Ana Cristina Colla, é exemplo de um processo antagônico de criação, já que traz em si ao menos dois paradoxos interessantes em relação ao modo como se procedeu a criação das outras personagens pelos demais atores do grupo.

Foi uma criação que não se deu pela técnica da mimese corpórea, mas a partir de matrizes pessoais da artista, e o comportamento físico dela é diametralmente oposto ao estabelecido pelas outras três personagens. Pao pulsa em outro ritmo, oposto ao que seria comum a uma personagem de configuração naturalista-realista, dentro da ideia tradicional de verossimilhança stanislavskiana. Age na maior parte do tempo como se realizasse uma dança de oposição ao clima que a peça estabelece. Às vezes sugere uma resistência à pulsação natural do espetáculo. Isso nos ajuda a perceber como o jogo de forças colocadas em conflito é um gerador de drama, cuja função se realiza diretamente pela organicidade das ações físicas criadas pela atriz. Nesse comportamento dançado vê-se com clareza a presidência do *princípio de equivalência* e a *repetição-em-si* nos seus elementos constituintes. Definido aqui como repetição-em-si toda e qualquer ação que segue uma circularidade estável, mas aberta à mutabilidade, e que pode se manifestar na microestrutura corporal do ator e/ou na macroestrutura do espaço cênico. No que tange ao princípio de equivalência: conforme Eugênio Barba expõe no livro *A Arte Secreta do Ator*, a equivalência é um dos princípios que regem a anatomia do corpo cênico construído pelo ator, seja este de uma tradição teatral codificada ou não. Através dele é que o ator recria, dentro da sua técnica e linguagem artística específica, as tensões presentes de forma natural na vida cotidiana. Ele cita como um exemplo o pensamento de grandes artistas plásticos, que consideravam a arte como uma equivalência da vida, e não a sua reprodução, o que os distancia do pensamento da arte como uma cópia da natureza. A equivalência, segundo Barba, é o oposto da imitação, reproduz a realidade por meio de outro sistema. E prossegue afirmando que como resultado final o espectador vê uma ficção sugerida.

Nesse espetáculo o recurso das repetições é usado em diversos momentos, e percebemos sua função de facilitador para a formação e estabelecimento de um *punctum* espetacular. Tal relação é clarificada mais adiante.

Na encenação, cuja presença do texto é de vital importância para o entendimento da totalidade da obra, as palavras são usadas como blocos de construção de sentidos. Sua manipulação poética busca dar ao espectador uma sensação de transição do fluxo temporal atual para um que vive em uma zona limiar, entre presente e passado. As palavras – e também as ações –, que são retomadas em distintos momentos, dão corpo ao superobjetivo da peça, que podemos considerar como sendo a persistência vital da memória.

Muitas vezes, ao longo do trabalho, percebe-se nessas repetições características distintas daquelas que apontamos na análise de O Príncipe Constante. As repetições utilizadas por Grotowski tinham a função de choque dialético, pois estavam conectadas com outras cenas e buscavam a criação de sentidos outros a partir de distintas combinações, característica que observaremos se retomarmos a conceituação de "montagem": a organização de ações dentro de um processo que tem por objetivo a criação de sentidos definidos. As repetições presentes no atual objeto de análise são repetições em si mesmas, pois não buscam criar novos sentidos quando reaparecem, mas tendem a significar a presença de um ciclo quase inalterável de procedimentos e comportamentos.

Tais procedimentos e comportamentos podem ser considerados como sendo a rotina da criação e/ou produção do objeto-chapéu e os afetos causados por essa(s) atividade(s) nas personagens dentro dessa específica obra teatral; ou, em caráter mais profundo, uma metáfora do embate entre o artista e sua obra.

Aqui também deparamos com um novo dilema. Algumas ações repetidas ao longo do espetáculo, como, por exemplo, os procedimentos iniciais de criação de um chapéu, tinham também o caráter de repetições em si mesmas, pois não eram retomadas e recontextualizadas em outros momentos. O fato da história se passar dentro de uma fábrica determinava a ideia da manipulação de máquinas, instrumentos e em alguns momentos, até de procedimentos artesanais, e os atores buscaram uma equivalência realista para essas ações.

Uma das primeiras lições a serem aprendidas pelo ator é que existe uma diferença entre atividade e ação física. A primeira está dentro de um ciclo repetitivo, sobre o qual não há variação de formas externas e intenções internas, ou seja, não se transforma no tempo e no espaço, como, por exemplo, o ato puro e simples de lavar louça. A ação física tem desenvolvimento, pois deve estar substanciada por forças extracotidianas e intenções precisas, que se transformem e proponham transformação espaciotemporal. Ou seja, diferenciam-se microscopicamente.

Isso não quer dizer que a vida cênica do ator se divida em ações físicas e atividades, nem que elas representem valores. A atitude do ator em cena, por mais cotidiana que se apresente, se redimensiona. Ele está imbuído da percepção dos elementos que constituem a sua mutabilidade externa e interna, ou seja, das ferramentas de artificialidade que constroem a organicidade do corpo em estado cênico.

Na linguagem realista que permeia a maior parte do espetáculo, essas ferramentas são usadas para a construção das equivalências correspondentes a um corpo cotidiano. Há na encenação muitas sobreposições de atividades "ensimesmadas" que acontecem simultaneamente às ações em desenvolvimento pelos atores. Mais uma vez afirmamos que não há uma distinção de valores entre esses elementos, pois a execução pelos atuantes em ambas é íntegra e orgânica.

Voltando a considerar o caráter repetitivo das palavras, notamos que houve a criação de um mote central no que se refere ao texto. Entende-se por mote, em poesia, um determinado trecho que, ao ser retomado, busca aglutinar e manter claro o sentido geral sobre o que está sendo comunicado. Em música o seu equivalente é o refrão. No espetáculo o mote está representado pelo diálogo "– Aprendeu? – Aprendi. – Entendeu? – Entendi.", travado por Chico, velho chapeleiro e seu aprendiz Pao. A repetição constante dessas palavras no início da peça nos fixa a ideia de que algo está sendo transmitido, um ensinamento que deseja prosperar, a continuidade de um saber que se atualiza na relação mestre-aprendiz. Mais à frente, a frase é retomada pelo jovem em relação ao seu antagonista, o outro velho chapeleiro Dante. No momento em que isso acontece nos é apresentada a necessidade de autoafirmação de Pao, que

241

ao estabelecer esse breve diálogo com o velho tradicionalista demonstra de maneira irônica a importância de uma atitude renovadora deste perante a vida.

As repetições textuais ao longo das cenas também servem como fixadores do caráter das personagens, pois ajudam a definir muitas das atitudes individuais dentro da ficção, demonstrando quais daquelas figuras são inseguras, intransigentes ou nostálgicas etc. São, *grosso modo*, análogos aos bordões usados normalmente pelos comediantes.

É importante ressaltar as repetições ligadas à questão da palavra, pois, ao longo de sua história, o Lume raramente havia trabalhado com uma estrutura dramática tradicional, com claras definições de tempo e espaço fictício: dramaturgia linear e personagens fixos.

A variação das repetições ocorre na forma de intensidades e dilatações temporais distintas das suas construções originais. Uma sequência de ações é repetida em sua base, mas sofre pequenas alterações, gerando novas tensões que se refletem na dramaticidade do que está sendo apresentado. Muitas vezes as variações ocorrem em gradações, que estão conectadas à progressão *jo-ha-kyū*. O exemplo mais claro desse movimento é na cena do enterro, em que, a partir de uma formalidade cênica que se repete, transita-se entre estados de humor extremos, da solenidade à irreverência, da festa à angústia muda. Colocou-se como nova questão a possibilidade da palavra possuir também a potência de causar *puncta*.

Ficou mais claro, observando-se a grande incidência de repetições dentro do espetáculo – mesmo as que estamos chamando de "repetições-em-si" e os seus desdobramentos através da palavra falada –, como o recurso oral de construção cênica pode fortalecer a apreensão, por parte do espectador, dos sentidos que o espetáculo se propõe a transmitir. Há na palavra dita pelo ator, de forma totalmente dependente do modo como emite a sua voz, uma grande capacidade de afecção mnemônica. Do mesmo modo como na poesia se cria o mote ou na canção o refrão, no teatro o afeto que a palavra causa também se dá pela rítmica e pela musicalidade que evolui no texto.

Como foi apontado na análise do espetáculo *O Príncipe Constante*, o *punctum* central da obra estava em uma cena na qual conjuminavam a ação física e a ação vocal do ator. É particularmente interessante notar que dentro do trabalho analisado existem também momentos de potência punctual que se configuram a partir de uma mesma síntese dos elementos acima citados. Um desses momentos ocorre na representação que a atriz Raquel Scoth Hirson dá para o que seria o apito da fábrica de chapéus, através de um som de ampla modulação entre agudos e graves. Esse som evoca a memória da antiga rotina de trabalho, do começo ao fim da jornada diária. Possibilita ao espectador, enriquecendo-o imageticamente, uma construção mais complexa do seu modo de perceber o espaço e o tempo ficcional. Dilata a percepção espaciotemporal em um sentido polidimensional sobre o que se vê e o que se ouve. Evoca o passado por meio de uma ação atualizada no plano fictício e que se atualiza em si mesma através da construção formal da atuante, que a elabora de forma técnica, mas apoiada no seu organismo fluido. Isso permite que a ação chegue ao espectador como uma vibração que lhe anima e afeta, levando-o a uma comunhão perceptiva com o que se representa.

Outro momento rico é a cena do enterro da personagem Mário, que é sugerida como um evento rememorado. A cena está arquitetada sobre o princípio da repetição-em-si, seja pela trajetória que as personagens executam no espaço cênico, seja pela sonoridade, que se dá pela música cantada e as ações vocais. Equivalente ao grito cantado do "príncipe" de Grotowski, é o lamento da figura que encabeça o cortejo ao levar um chapéu que representa o defunto. Esse lamento, harmonizado para que se funda com o canto presente na cena e suas particulares ações, é trabalhado pela atriz Ana Cristina Colla como um dado sonoro que se processa em repetições, e aos poucos evoluem para uma gargalhada (o que conduz toda a transformação da atmosfera dramática da cena para a comicidade), até finalizar com um retorno ao mesmo clima melancólico inicial.

Nos dois exemplos citados acima, o ritmo particular das palavras (prosódia), sua musicalidade e articulação, às vezes em conjunto com a música instrumental, tornam-se, não por si só, mas também fortalecidos pelas ações físicas dos atores, componentes de um *punctum*. A própria trilha sonora, e em especial a música tema da peça, pelo grande poder de afecção que é próprio dessa linguagem artística, é uma agente das impressões que se gravam no corpo de memórias do espectador.

O chapéu, presente durante toda a encenação, é um objeto cênico com capacidade punctual. Esse objeto existe em cena como um orientador da narrativa, um *leitmotiv*, visto que as personagens dão existência à história justamente por estarem buscando a confecção do "chapéu perfeito". Está presente em todo o espaço cenográfico e faz parte do figurino de todas as figuras da história. É explorado também como recriador de situações do passado, como um casamento e um enterro, através da sua manipulação e ressignificação. Soma-se a tudo isso a constante referência oral ao objeto que se faz pela palavra.

Todo esse campo referencial criado em torno do objeto-chapéu faz com que ele ganhe uma dimensão simbólica, transformando-se em elemento de ligação entre a virtualidade de um passado concreto, a atualidade de um presente nostálgico e a possibilidade de um futuro incerto. Três correntes temporais que se entrecruzam constantemente, instáveis em sua natureza, mas que através do objeto são coaguladas. O chapéu tem em si a função de síntese e transição, agindo como um *umbral helicoidal* sobre a temporalidade do espetáculo. É um elemento de transição cíclica constante, disparador de afetos e perceptos para o ator e para o espectador, sendo uno, mas contendo o impulso emotivo que o lança para o jogo comungado na totalidade do espetáculo.

Um *punctum* espetacular, para ecoar como uma explosão, deve conter em si, sintetizado, as mais diferentes linhas de construção sobre as quais foram baseadas sua concepção: a organicidade das ações físicas e/ou vocais compostas pelos atores, seu ritmo fundamental, sua poética e o objetivo do seu discurso.

A análise dos gráficos resultantes de *O Que Seria de Nós...* reafirma algo já observado na análise de *O Príncipe Constante*. Ela comprova que há uma íntima ligação entre os momentos de ápice de cada um, pois todos tendem a ocorrer, de maneira geral, nos mesmos pontos. Isso demonstra que nos momentos de maior gasto de energia para a execução de ações físicas é quando há a utilização de voz ou outras sonoridades em altos níveis de intensidade e projeção e maiores possibilidades de transformação do ritmo espacial. Nesses pontos convergentes podemos, com mais facilidade, encontrar os *puncta* espetaculares, pois são zonas de grande poder de afecção para o espectador, por quaisquer características que a cena venha a ter: da tragédia à comicidade.

Porém isso não é uma regra. É possível ver no gráfico de sobreposições que há momentos de claro antagonismo das linhas entre si. Isso significa, por exemplo, cenas de pulsantes ações físicas e trânsito no espaço cênico com pouca ou nenhuma sonoridade, ou, ao contrário, cenas de pouca ou nenhuma movimentação externa, mas de intenso uso da voz ou da música instrumental.

Em termos gerais, todas as personagens de *O Que Seria de Nós...* são elaboradas sem que se note tipificação, ou seja, não estão suportadas somente em comportamentos externos. Os momentos nos quais se pode observar mais profundamente certo movimento afetivo ou uma precisão afetiva das forças nas personagens ocorrem nas pausas dinâmicas. Essas pausas acontecem algumas vezes ao longo do espetáculo e, além de cumprirem uma função rítmica, proporcionam uma aproximação maior do público com a peça, pois o instigam a preenchê-las com suas reflexões sobre as situações apresentadas. Não são pausas vazias, são suspensões de ação externa carregadas de tensão interior, através de uma musculatura não enrijecida, o que faz com que a imobilidade e o silêncio tornem-se ações no tempo. Na organização das pausas podemos notar também como o princípio de montagem é abertamente utilizado dentro da encenação.

O ritmo espacial de um espetáculo está diretamente ligado ao modo como o ator age no espaço, manipulando-o e transformando sua significação e forças justamente pela ocupação das suas diferentes dimensões. Yoshi Oida cita em *O Ator Invisível* que o palco é o corpo e o ator é o sangue. Cabe a este animar aquele. Vendo por esse ângulo, percebemos que a intensidade de uma ação só teria uma valoração diferenciada dentro das escalas construídas pelos gráficos se nela houvesse uma expansão espacial, se atingisse e alterasse o ambiente cênico.

Há na peça momentos de intensa atividade (no sentido de ocorrências), e alguns desses momentos são localizados em setores específicos da cena geral, com um ou mais atores agindo sem grandes deslocamentos e ocupações do espaço. Passamos a considerar tais deslocamentos e ocupações como fatores de distinção na dinâmica ritmo-espacial da encenação, e apoiando-nos na analogia de Oida, enxergamos momentos de variáveis velocidades de circulação sanguínea, alternadas com pontos de coagulação, coordenadas por diferentes extensões venosas.

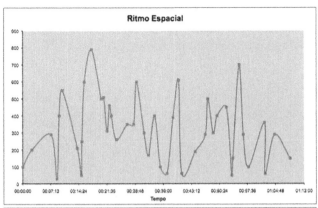
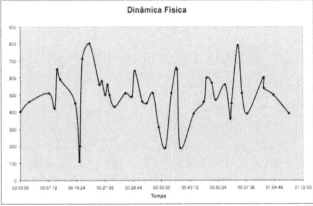
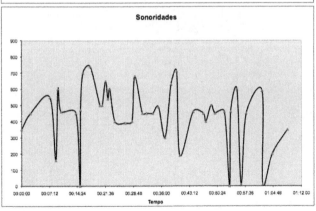

247

BIBLIOGRAFIA

ABBAGNANO, Nicola. *Dicionário de Filosofia*. Trad. Alfredo Bosi. São Paulo: Martins Fontes, 2000.

ALLIEZ, Éric (org.). *Gilles Deleuze: Uma Vida Filosófica*. Coord. Trad. de Ana Lucia de Oliveira. São Paulo: Editora 34, 2000.

_____. *Deleuze: Filosofia Virtual*. Trad. Heloisa B. S. Rocha. São Paulo: Editora 34, 1996.

_____. *A Assinatura do Mundo*. Trad. Maria Helena Rouanet e Bluma Villar. São Paulo: Editora 34, 1994.

ARISTÓTELES. *Aristóteles*. São Paulo: Nova Cultural, 1999. Coleção Os Pensadores.

ARTAUD, Antonin. *O Teatro e Seu Duplo*. Trad. Teixeira Coelho. São Paulo: Martins Fontes, 1999.

_____. *Linguagem e Vida*. São Paulo: Perspectiva, 1995.

_____. *Escritos de Antonin Artaud*. Seleção e notas de Claudio Willer. São Paulo: L&PM, 1986. (Col. Rebeldes & Malditos)

AUGÉ, Marc. *Não Lugares*. Lisboa: 90 Graus, 2005.

BARBA, Eugênio; SAVARESE, Nicola. *A Arte Secreta do Ator*. Trad. Luís Otávio Burnier. Campinas: Editora da Unicamp/Hucitec, 1995.

BARBA, Eugênio. *Teatro: Soledad, Oficio y Revuelta*. Trad. Luís Masgrau y Rina Skeel. Argentina: Catálogos Editora S.R.L, 1997.

_____. *A Canoa de Papel: Tratado de Antropologia Teatral*. Trad. Patrícia Alves. São Paulo: Hucitec, 1994.

249

_____. *Além das Ilhas Flutuantes*. São Paulo/Campinas: Editora da Unicamp/Hucitec, 1991.

BARTHES, Roland. *A Câmara Clara*. Trad. Júlio Castañon Guimarães. Rio de Janeiro: Nova Fronteira, 1984.

BERGSON, Henri. *Matéria e Memória*. São Paulo: Martins Fontes, 2006.

_____. *Memória e Vida*. São Paulo: Martins Fontes, 2006.

BRECHT, Bertolt. *Estudos Sobre Teatro*. Trad. Fiamma Pais Brandão. Rio de Janeiro: Nova Fronteira, 1978.

BROOK, Peter. *A Porta Aberta: Reflexões Sobre a Interpretação e o Teatro*. 2. ed. Trad. Antonio Mercado. Rio de Janeiro: Civilização Brasileira, 2000.

_____. *O Ponto de Mudança: Quarenta Anos de Experiências Teatrais*. Trad. Antonio Mercado e Elena Gaidano. Rio de Janeiro: Civilização Brasileira, 1994.

_____. *El Espacio Vacio: Arte e Tecnica del Teatro*. Trad. Ramon Gil Novales. Barcelona: Península, 1973.

BURNIER, Luís Otávio. *A Arte de Ator: Da Técnica à Representação*. Campinas: Editora da Unicamp, 2001.

DAMÁSIO, Antônio R. *O Erro de Descartes: Emoção, Razão e Cérebro Humano*. Trad. Dora Vicente e Georgina Segurado. São Paulo: Companhia das Letras, 1996.

_____. *O Mistério da Consciência*. Trad. Laura Teixeira Mota. São Paulo: Companhia das Letras, 2000.

DECROUX, Etiene. *Palabras Sobre el Mimo*. Trad. César Jaime Rodrígues. Ciudad de México: Arte e Escena Ediciones, 2000.

DELEUZE, Gilles; GUATTARI, Felix. *Mil Platôs: Capitalismo e Esquizofrenia 2*. Trad. Aurélio Guerra Neto e Célia Pinto Costa. Rio de Janeiro: Editora 34, 1995. V. 1.

_____. *Mil Platôs: Capitalismo e Esquizofrenia 2*. Trad. Ana Lúcia de Oliveira e Lúcia Cláudia Leão. Rio de Janeiro: Editora 34, 1995. V. 2.

_____. *Mil Platôs: Capitalismo e Esquizofrenia 2*. Trad. Aurélio Guerra Neto, Ana Lucia de Oliveira, Lúcia Cláudia Leão e Suely Rolnik. Rio de Janeiro: Editora 34, 1996. V. 3.

_____. *Mil Platôs: Capitalismo e Esquizofrenia 2*. Trad. Suely Rolnik. Rio de Janeiro: Editora 34,1997. V. 4.

_____. *Mil Platôs: Capitalismo e Esquizofrenia 2*. Trad. Peter Pál Pelbart e Janice Caiafa. Rio de Janeiro: Editora 34, 1997. V. 5.

_____. *O Anti-Édipo: Capitalismo e Esquizofrenia 1*. Trad. Joana Moraes Varela e Manuel Maria Carrilho. Lisboa: Assírio & Alvim, 2004.

_____. *O Que É Filosofia*. Trad. Bento Prado Jr. e Alberto Alonso Muñoz. Rio de Janeiro: Editora 34, 1992.

DELEUZE, Gilles; PARNET, Claire. *Diálogos*. Trad. Eloísa Araújo Ribeiro. São Paulo: Escuta, 1998.

DELEUZE, Gilles. *Lógica do Sentido*. Trad. Luís Roberto Salinas Fortes. 5. ed. São Paulo: Perspectiva, 2009.

_____. *Lógica da Sensação*. Coord. trad. Roberto Machado. Rio de Janeiro: Jorge Zahar, 2007.

_____. *Bergsonismo*. Trad. Luiz B. L. Orlandi. São Paulo: Editora 34, 1999.

_____. *Conversações*. Trad. Peter Pál Pelbart. São Paulo: Editora 34, 1992.

_____. *A Dobra: Leibniz e o Barroco*. Trad. Luís B. L. Orlandi. Campinas: Papirus, 1991.

_____. *Diferença e Repetição*. Trad. Luís B. L. Orlandi e Roberto Machado. Rio de Janeiro: Graal, 1988.

_____. *Foucault*. Trad. Claudia Sant'Anna Martins. Rev. Renato Janine Ribeiro. São Paulo: Brasiliense, 1988.

DERRIDA, Jacques; BERGSTEIN, Lena. *Enlouquecer o Subjéctil*. Trad. Geraldo Gerson de Souza. São Paulo: Editora da Unesp, 1998.

DERRIDA, Jacques. *A Escritura e a Diferença*. Trad. Maria Beatriz Marques da Nizza da Silva. São Paulo: Perspectiva, 2002.

_____. Entrevista com Jacques Derrida. *Folha de S. Paulo*, São Paulo, 27 maio 2001. Caderno Mais!

_____. *Posições*. Trad. Tomas Tadeu da Silva. Belo Horizonte: Autêntica, 2001.

_____. *Gramatologia*. Trad. Miriam Chnaiderman e Renato Janine Ribeiro. São Paulo: Perspectiva, 1999

_____. *Margens da Filosofia*. Trad. Joaquim Torres Costa e Antônio M. Magalhães. Rev. Constança Marcondes César. Campinas: Papirus, 1991.

_____. *Do Espírito*. Trad. Constança Marcondes César. Campinas: Papirus, 1990.

FERRACINI, Renato (org.). *Corpos em Fuga, Corpos em Arte*. São Paulo: Hucitec, 2006.

_____. *Café Com Queijo: Corpos em Criação*. São Paulo: Hucitec, 2006.

_____. *A Arte de Não Interpretar Como Poesia Corpórea do Ator*. Campinas/São Paulo: Editora da Unicamp/Imprensa Oficial do Estado, 2001.

FLASZEN, Ludwik; POLLASTRELLI, Carla (orgs.). *O Teatro Laboratório de Jerzy Grotowski 1959-1969*. São Paulo: Perspectiva/Sesc, 2007.

FOUCAULT, Michel. *A Arqueologia do Saber*. Trad. Luiz Felipe Baeta Neves. Rio de Janeiro: Forense Universitária, 2002.

_____. *As Palavras e as Coisas*. Trad. Salma Tannus Muchail. São Paulo: Martins Fontes, 1999.

_____. *Vigiar e Punir*. Trad. Raquel Ramalhete. Petrópolis: Vozes, 1987.

GADAMER, Hans-Gerog. *Verdade e Método I: Traços Fundamentais de uma Hermenêutica Filosófica*. Trad. Flávio Paulo Meurer. Petrópolis/Bragança Paulista: Vozes/Editora Universitária São Francisco, 2005.

GIL, José. *A Imagem-Nua e as Pequenas Percepções*. Lisboa: Relógio D'Água, 1996.

_____. *Metamorfoses do Corpo*. Lisboa: Relógio D´água, 1997.

_____. *Movimento Total: O Corpo e a Dança*. São Paulo: Iluminuras, 2005.

GREINER, Christine. *O Corpo: Pistas Para Estudos Interdisciplinares*. São Paulo: Annablume, 2005.

GROTOWSKI, Jerzy. *Em Busca de um Teatro Pobre*. Trad. Aldomar Conrado. Rio de Janeiro: Civilização Brasileira, 1987.

GUATTARI, Félix. *Caosmose: Um Novo Paradigma Estético*. Trad. Ana Lúcia de Oliveira e Lúcia Cláudia Leão. São Paulo: Editora 34, 1992.

HARDT, Michel. *Gilles Deleuze: Um Aprendizado em Filosofia*. Trad. Sueli Cavendish. São Paulo: Editora 34, 1993.

HEIDEGGER, Martin. *Ser e Tempo – Parte I*. Trad. Márcia de Sá Cavalcante. 8. ed. Petrópolis: Vozes, 1999.

LACERDA, Oswaldo. *Teoria Elementar da Música*. São Paulo: Ricordi, 1961.

LAKOFF, George; JOHNSON, Mark. *Metáforas de la Vida Cotidiana*. Trad. Carmem Gonzalez Marin. Madri: Cátedra, 2001.

LARROSA BONDIA, Jorge. Notas Sobre a Experiência e o Saber de Experiência. Trad. João Wanderley Geraldi. *Revista Brasileira de Educação*, Campinas, v. 1, n. 19, 20 a 28 de abril de 2002.

LEHMANN, Hans-Thyes. Teatro Pós-dramático e Teatro Político. In: GUINSBURG, J.; FERNANDES, Sílvia (orgs.). *O Pós-Dramático*. São Paulo: Perspectiva, 2010.

LEIBNIZ, Gottfried Wilhelm. *Leibniz*. São Paulo: Nova Cultural, 2000. Coleção Os Pensadores.

LÉVY, Pierre. *O Que é o Virtual?* Trad. Paulo Neves. São Paulo: Editora 34, 1996.

LIMA, Luiz Costa. *Mímesis e Modernidade: Formas das Sombras*. Rio de Janeiro: Graal, 1980.

LINS, Daniel (org). *Nietszche e Deleuze: Arte e Resistência*. Rio de Janeiro/ Fortaleza: Forense Universitária/Fundação de Cultura, Esporte e Turismo, 2007.

LYOTARD, Jean-François. *Discurso, Figura*. Trad. Josep Elias e Carlota Hesse. Barcelona: Gustavo Gilli, 1979.

MATURANA, Humberto; VARELA, Francisco. *De Máquinas e Seres Vivos: Autopoiese – A Organização do Vivo*. Trad. Juan Acuña Llorens. Porto Alegre: Artes Médicas, 1997.

PAVIS, Patrice. *Dicionário de Teatro*. Trad. Maria Lúcia Pereira e J. Guinsburg. São Paulo: Perspectiva, 2001.

PEIRCE, Charles Sanders. *Semiótica*. Trad. José Teixeira Coelho Neto. São Paulo: Perspectiva, 1999.

PELBART, Peter Pál. Elementos Para uma Cartografia da Grupalidade. In: SAADI, Fátima; GARCIA, Silvana (orgs.). *Próximo Ato: Questões da Teatralidade Contemporânea*. São Paulo: Itaú Cultural, 2008.

PESSOA, Fernando. *Poesia / Álvaro de Campos*. Org. Teresa Rita Lopes. São Paulo: Companhia das Letras, 2002.

PLATÃO. *A República*. Trad. Enrico Corvisieri. São Paulo: Best Seller, 2002.

_____. *Fédon – Diálogo Sobre a Alma e Morte de Sócrates*. Trad. Miguel Ruas. São Paulo: Martin Claret, 2002.

_____. *Apologia de Sócrates: O Banquete*. Trad. Jean Melville. São Paulo: Martin Claret, 2002.

PROUST, Marcel. *Em Busca do Tempo Perdido. Volume 1: No Caminho de Swann*. Trad. Mário Quintana. São Paulo: Globo, 2006.

RICHARDS, Thomas. *Trabalhar com Grotowski Sobre as Ações Físicas*. Trad. Patrícia Furtado de Mendonça. São Paulo: Perspectiva, 2012.

ROLNIK, Sueli (org.). *Uma Terapeuta Para Tempos Desprovidos de Poesia: Lygia Clark, da Obra ao Acontecimento. Somos o Molde, a Você Cabe o Sopro*. São Paulo: Pinacoteca do Estado, 2006.

SCHECHNER, Richard. *Performance Studies: An Introduction*. Nova York: Routledge, 2002.

SCHOPKE, Regina. *Por uma Filosofia da Diferença: Gilles Deleuze, o Pensador Nômade*. São Paulo: Edusp, 2004.

SERRES, Michel. *Variações Sobre o Corpo*. Trad. Edgard de Assis Carvalho e Mariza Perassi Bosco. Rio de Janeiro: Bertrand Brasil, 2004.

_____. *Os Cinco Sentidos: Filosofia dos Corpos Misturados 1*. Trad. Eloá Jacobina. Rio de Janeiro: Bertrand Brasil, 2001.

STANISLAVSKI, Konstantin. *Manual do Ator*. Trad. Jefferson Luís Camargo. Rev. João Azenha Jr. São Paulo: Martins Fontes, 1997.

Este livro foi impresso na cidade de Cotia,
nas oficinas da Meta Brasil,
para a Editora Perspectiva.